Agnes Elise Weber

Das beste Bürgerkochbuch für den täglichen Tisch

Ein Handbuch für jede Hausfrau und Köchin

KOCHBUCH VERLAG

Agnes Elise Weber

Das beste Bürgerkochbuch für den täglichen Tisch

Ein Handbuch für jede Hausfrau und Köchin

ISBN/EAN: 9783944350554

Auflage: 1

Erscheinungsjahr: 2013

Erscheinungsort: Bremen, Deutschland

@ Kochbuch-Verlag in Access Verlag GmbH, Fahrenheitstr. 1, 28359 Bremen. Alle Rechte beim Verlag und bei den jeweiligen Lizenzgebern.

Das beste

Bürger = Kochbuch

für den täglichen Tisch.

Ein Handbuch

für jede Hausfrau und Köchin

beim Kochen und Braten, Backwerkfertigen Früchte-
Einmachen, Getränkebereiten, Einpökeln und Räuchern.

Nebst

Küchenzettel und Eßregeln.

Von

Agnes Elise Weber.

Zehnte verbesserte Auflage.

Mit 21 Illustrationen.

———— ⊶✦⊷ ————

Leipzig,
Fr. Voigt's Buchhandlung.
1869.

Wegweiser

durch dieses Kochbuch,

um jedes Hin= und Herblättern zu vermeiden.

Vorwort.

Aufgemuntert durch vielseitige Aufforderungen von Freunden und Bekannten habe ich es unternommen, dieses Kochbuch für bürgerliche Verhältnisse, mit besonderer Berücksichtigung des zeitgemäßen Geschmacks, neu zu bearbeiten.

Die Wahl und Ausführung der Recepte hat mich stets nur unsere bürgerlichen Verhältnisse berücksichtigen lassen, doch ist dabei auch nicht übersehen, die über Frugalität gehenden Wünsche, wie sie besondere Veranlassungen: Festtage und sonstige Gelegenheiten mit sich bringen, zu befriedigen.

Sollte mir die Genugthuung werden, mit diesem Buche in seiner jetzigen Gestalt die gewünschte Verbreitung zu finden, so bin ich gern bereit, Verbesserungen dafür von anderer Seite entgegen zu nehmen, ebenso auch etwaige Aussetzungen daran zu beseitigen. Zu diesem Behufe nehme ich darauf bezügliche Beiträge entgegen und bitte, solche unter Adresse der Verlagsbuchhandlung an mich gelangen zu lassen.

Noch nehme ich hiermit Veranlassung, für Solche, deren Wirkungskreis höhere Ansprüche an die Kochkunst erheischt, als in diesem Buche geboten sind, nachstehende ebenso renommirte als reichhaltige Bücher zur Anschaffung zu empfehlen; es sind:

Aug. Erdm. Lehmann, großes Kochbuch. Nützliches Buch für die Küche bei Zubereitung der Speisen und Getränke. **16. Auflage.** Mit 1400 Recepten.

Fr. Marold, allgemeines Kochbuch für bürgerliche und herrschaftliche Haushaltungen. **2. Auflage.**

Beide Bücher haben mir stets in meiner Wirksamkeit die vorzüglichsten Dienste geleistet.

Die Verfasserin.

Vorwort zur zehnten Auflage.

Der fortwährend steigende Absatz dieses Kochbuchs, besonders seiner letzten Auflagen, ist der beste Beweis dafür, daß das Buch in seiner Anlage und Behandlung das Zweckentsprechende getroffen hat.

Die Verfasserin war um so mehr bemüht, die Brauchbarkeit des Buchs durch viele Verbesserungen zu erhöhen, hat dafür willig gegebene Winke benutzt, auch eingesandte gute Recepte aufgenommen um das Buch für die bürgerliche Küche so praktisch als irgend möglich einzurichten.

Mit dem Wunsche, daß auch ferner der vielfache Gebrauch des Buches beste Empfehlung bleiben möge, empfiehlt auch diese neue Auflage allen Hausfrauen und Töchtern

die Verfasserin.

Inhalt.

Vorerinnerungen.

Suppen.

Kalteschalen.

Grützwaaren.

Gemüse.

Kalbfleisch.

Wildes Federvieh.

Wildpret.

Das Kaninchen.

Fische.

Ragouts.

Fricassées.

Fleischsalate.

Salate.

**

Compotes.

Eingemachtes.

Gelées.

Crèmes.

Saucen zu Fleisch und Fisch.

***

Mehl- und Eierspeisen.

Mus oder Brei.

Warme Getränke.

Kalte Getränke.

Das Einpökeln und Räuchern des Fleisches.

Allerhand.

Die nöthigen Vorerinnerungen beim Kochen.

1. Reinlichkeit.

Die größte Reinlichkeit muß sowohl in der Küche, als an allem zum Kochen gehörigem Geschirre sorgsam beobachtet werden; denn eine Speise kann nur dadurch appetitlich werden, wenn solche von einer auf die strengste Reinlichkeit haltenden Person zubereitet wird. — Sauberes Tischzeug, ein reinlicher Anzug, dazu ein freundliches Gesicht, und die Mahlzeit schmeckt doppelt so gewürzig und gut.

2. Das Kochgeschirr.

Beim Gebrauche des Kochgeschirres vermeide man so viel als möglich das kupferne; denn es ist durch entstehenden Grünspan immer gefahrbringend.

Kann man es nicht umgehen, so sehe man wenigstens darauf, daß es gut verzinnt ist, und setze es nie leer auf's Feuer, denn sobald sich der leere Boden erhitzt, schmilzt das Zinn und läuft in kleinen Perlen zu-

sammen. Hierdurch kommt das Kupfer wieder zum
Vorschein und die Gefahr des Vergiftens durch Grünspan
ist sofort möglich. Ist das Zinn abgenutzt, so lasse
man es ja gleich wieder erneuern. Das nicht verzinnte
Kupfergeschirr halte man stets frei von jeder Feuchtigkeit,
insbesondere hüte man sich vor Säure darinnen, reinige
es sofort nach jedem gemachten Gebrauche und lasse es
in der Luft oder im Sonnenschein trocknen. Das Rei=
nigen und Blankputzen geschieht am schnellsten mit
Molken und Sand, oder noch besser mit saurer Milch
und feinem Sande.

Das Messinggeschirr reinige man vorzüglich mit
Branntweinspülicht und ebenfalls feinem Sande oder Lehm.

Das töpferne Geschirr ist noch am allgemeinsten
im Gebrauch, jedoch muß man auch neben diesem das
Eisengeschirr mit weißer Glasur vorräthig halten.

Ich brate und koche am liebsten in töpfernen Ge=
schirren; denn die darin gefertigten Speisen sind jeden=
falls wohlschmeckender.

In den Blechgeschirren lasse man nie etwas Saures
stehen, da dieses der Gesundheit schadet.

Gräupchen und weißen Sago rühre niemals mit
einem Blechlöffel um, weil davon die Speise grau wird,
sondern nimm dazu einen hölzernen Rührlöffel.

Das Blech= und Zinngeschirr scheuert sich sehr
schön blank mit ätzender Soda und Scheuergras (Feld=
schachtelhalm, Kannenkraut), zu finden auf Wiesen,
kleinen Abhängen und auch in Feldern.

3. Das Zudecken und Wärmen der Speisen.

Es ist rathsam jeden Topf oder Tiegel, sobald er
mit der Speise an das Feuer gesetzt wird, zuzudecken.

Man sehe jedoch darauf, daß die Stürze genau passe; denn steht sie nur etwas darüber, so fängt sich der Rauch darunter und die Speise bekommt einen räucheri- gen Geschmack und kann fast gar nicht oder nur mit Widerwillen genossen werden.

Die Braten werden besonders schön, wenn man sich vom Klempner einen gewölbten, genau passenden Deckel machen läßt, den Braten so lange zugedeckt braten läßt, bis er ziemlich weich ist; alsdann nimmt man den Deckel ab, setzt die Pfanne in der Röhre hoch, und bräunt den Braten unter öfteren Begießen mit der Brühe. Der Hasenbraten bleibt jedoch bis zum An- richten zugedeckt, da er unter dem Deckel braun genug wird; so auch Rebhühner und Tauben.

Speisen, die aufgewärmt werden sol- len, setzt man zugedeckt in heißes Wasser bis zum An- richten, dann nach Belieben mit Brühe verdünnt. Wenn man übrig gebliebenen Braten ebenso behandelt, und die Sauce dazu apart heiß macht, schmeckt er fast wie frischer.

4. Behandlung der Gläser, Flaschen und Pfropfen.

Wein- und Bierflaschen reinigt man am besten mit grobem Sande und warmem Wasser. Bei fettigen oder öligen Flaschen, Milch- und Wasserflaschen gebrauche man Sägespähne und warmes Wasser.

Matt gewordenen Trinkgläsern kann man den Glanz wieder geben, sobald man Wasser auf glühende Kohlen gießt und die Gläser schnell über den dadurch entstehenden Dampf hält.

Die **Pfropfen**, neue oder alte, werden stets vor der Benutzung mit kochendem Waſſer abgebrüht, hierauf in kaltes Waſſer gethan und ſauber abgewaſchen.

5. Mehl und Eier.

Das Mehl muß gehörig trocken und fein und von jedem Geruche frei ſein, welcher ſogleich deſſen Verdorbenheit bezeugt. Die Feinheit deſſelben erkennt man daran, daß es hart bleibt und dem Drucke wenig nachgiebt, wenn man mit einem Löffel darauf drückt. Bei dem Gebrauche muß es eine Menge Feuchtigkeit aufſaugen und der geknetete Teig muß nach Verlauf einer Viertelſtunde ſeine Form behalten, die man ihm gegeben hat. Das vorräthig gehaltene Mehl rühre man ja alle vierzehn Tage tüchtig durch, damit es ſich nicht bitter liegt.

Jedes Ei, welches man verbrauchen will, muß geprüft werden, ob es noch gut iſt und dies führt man dadurch am ſicherſten aus, daß man es in eine Obertaſſe ſchlägt und von da ab erſt verwendet. Beim Einkauf unterlaſſe man nicht, jedes einzelne Ei in der hohlen Hand gegen das Licht zu halten, erſcheint es hier hell, ſo kann man annehmen, daß es gut iſt.

Eier, im Monat Auguſt und September gelegt, erhalten ſich ſehr gut für den Winter an einem trockenen Orte in einer Kiſte mit Häckſel oder Aſche, mit der Spitze nach unten geſtellt, jede Schicht überſtreut und die Kiſte gut zugedeckt.

Um gefrorene Eier noch zu benutzen, muß man ſie einige Zeit in kaltes Waſſer legen, wodurch ſich der Froſt wieder herauszieht.

6. Hülsenfrüchte, Gries, Pilze, Zwiebeln.

Getrocknete Hülsenfrüchte dürfen weder zu alt, noch zu trocken sein, auch keinen dumpfigen Geruch haben; Hirse z. B. muß klar und ohne dunkle Körner sein, Linsen und Erbsen müssen schön groß, und die Körner nicht von Würmern angefressen sein; ihr Haupt= vorzug besteht darin, daß sie schön und gleichzeitig sich weich kochen. Vortheilhaft ist es, dieselben, wie auch die Bohnen vorher in kaltem Wasser quellen zu lassen. — Dumpfig riechender Gries ist niemals rathsam zu kochen; denn dieser Geschmack verliert sich nicht. — Pilze aufzubewahren, ist Michaelis die beste Zeit; man sehe ober wohl zu, daß z. B. Champignons keine bunten Flecken haben, auch dürfen selbige, so wie Morcheln, Stein= und andere Pilze, nicht von Maden und anderen Würmern angefressen sein. Will man sich der Besorgniß, ob vielleicht giftige darunter sind, entheben, so werfe man beim Kochen derselben eine Zwiebel hin= ein; wird diese schwarz, so sind schädliche dabei, und man werfe sie lieber alle weg.

Zwiebeln giebt es runde, längliche, weiße, gelbe, fleischfarbene und braunrothe. Die runde weiße ist die feinste und die letztere die schärfste, hält sich aber am längsten.

7. Hausenblase aufzulösen.

Die noch zusammengerollte weiße Hausenblase wird mit einem Klopfer oder Hammer breit und locker ge= klopft, damit man sie in Stücken schneiden kann, bringt sie dann in ein Kasseroll, gießt Wasser darüber und läßt sie eine Nacht darin weichen; nachdem sie vorsichtig

auf gelindem Feuer ¼ Stunde gekocht und zwar, bis
man sieht, daß sie sich bis auf sehr wenig Faserstoff,
der immer zurückbleibt, aufgelöf't hat; (sieht sie gelb
aus und löf't sie sich nicht gut auf, so taugt sie nichts)
man gießt sie dann durch ein leinenes Tuch oder Haar=
sieb, damit das nicht Aufgelöf'te zurückbleibt, auf einen
Teller und läßt sie darauf bis zum Verbrauch stehen.
Man darf die Hausenblase auch nicht so sehr kurz ein=
kochen lassen, weil sie leicht anbrennt und muß sie stets
kochend durch das Sieb füllen, weil, wenn sie einiger=
maßen verfühlt ist, gleich steif und fest wird. Zu einem
Nößel Gelée braucht man 2 Loth Hausenblase.

8. Braune Butter.

Man setze die Butter in einem Tiegel auf's Feuer
und rühre sie mit einem Rührlöffel so lange, bis sie
einen braunen Schein hat. Erst zergeht sie langsam,
dann fängt sie an zu kochen, hierauf nun wird sie all=
mählich braun, je nachdem man starkes Feuer hat, als=
dann legt oder gießt man das hinein, was man darin
fertigen will. Ist die Butter nicht gehörig braun,
so wird die Sache auch darin nicht braun,
sondern bleibt blaß und ohne guten Ge=
schmack.

9. Holz.

Dies ist wohl fast in jeder Haushaltung der kost=
barsten Artikel einer; er bedarf daher wohl auch einer
ganz besondern Aufmerksamkeit, indem eine verständige
Hausfrau mit vier Stücken eben so viel kochen wird,
als eine andere kaum mit noch einmal so viel aus=
richten kann.

Man muß daher immer bedacht sein, einen Vor-
rath trockenen, gespaltenen Holzes zu haben; ein großer
Nutzen, wer darauf denkt, da dessen ungeachtet viel
Feuerung zum Kochen nöthig ist. Man glaube ja nicht,
daß viel Holz und starkes Feuer die Sache früher zum
Ziele bringt; im Gegentheil, sie überkocht sich und wird
nicht so gut, als wenn man eine Speise bei mäßigem
Feuer langsam kochen und braten läßt. Man versuche
es nur, die Erfahrung wird es lehren, und der Nach-
denkende wird das Geheimniß, den rechten Grad Hitze
zu geben, gleich finden. Wie häufig findet man nicht
ein unmäßig großes Feuer um die Töpfe, und warum?
weil entweder eine zu große Aengstlichkeit glauben macht,
die Speisen werden zur gehörigen Zeit nicht fertig werden, oder es ist vielleicht ein halbes Stündchen über
die gewöhnliche Zusetz-Zeit hinaus, und nun glaubt
man, je mehr Holz angelegt wird, desto schneller muß
es gar kochen! — Sucht man nun auch Anfangs durch
ein etwas stärkeres Feuer die Speisen schneller zum
Kochen zu bringen, so braucht man dann doch nur
darauf zu achten, daß sie darin bei wenigem Feuer erhalten werden, bis sie gut sind, und ein doppelter Lohn
wird dafür werden; denn 1) werden die Speisen viel
wohlschmeckender, und 2) hat man die Freude, sie mit
nur geringfügigem Holzaufwande hergestellt zu haben.

10. Maß und Gewicht.

Eine Dresdner Kanne, Maß oder Quart hält
2 Pfund.

$\frac{1}{2}$ Kanne 1 Pfund
$\frac{1}{4}$ = 15 Loth } neues Gewicht.
$\frac{1}{8}$ = 7$\frac{1}{2}$ =

Der Dresdner Scheffel wird eingetheilt in
4 Viertel = 16 Metzen = 64 Mäßchen.

Der Dresdner Scheffel enthält 2 Mal so viel als der Berliner Scheffel.

Eine gewöhnliche Weinflasche hält fast immer nur ⅞ Kanne.

Die halbe Kanne nennt man auch Nößel, Seidel, Quartier oder Stof.

Ein Eßlöffel, weder gehäuft, noch glatt gestrichen, ist ungefähr ein Loth, sei es Mehl, Zucker, geriebene Semmel und dergleichen.

11. Grüne Bohnen zu trocknen, daß sie wie frische aussehen und eben so gut schmecken.

Man nehme die zum Trocknen bestimmten Bohnen (vorzugsweise die beste Sorte) wenn sie noch im besten Wachsthum, also zu der Zeit, wenn die Körner eigentlich noch nicht vollwüchsig sind, breche die Stiele und Spitzen ab und entferne durch Abziehen die an der Kante der Bohne befindliche Faser. Hierauf thue man sie in kochendes Wasser, welches dreimal mehr sein muß, als die Bohnen ausmachen, damit sie darinnen schwimmen, und lasse sie einige Mal überwallen; dabei unterhalte man ein rasches Feuer, weil es gut ist, wenn die Bohnen nicht lange im Wasser bleiben. Nun nimmt man sie schnell heraus und thut sie sogleich in kaltes Wasser. Hat man viel Bohnen, so muß das kalte Wasser öfters gewechselt werden, damit sie stets gut abgefrischt werden. Dies ist der Kunstgriff, ihnen die grüne Farbe zu erhalten.

Sind die Bohnen nun gehörig abgekühlt, dann lege man sie auf einige Servietten und beginne das

Schneiden, indem man 3—4 Bohnen zusammennimmt und auf einem Küchenbret nach Belieben fein oder stark, schräg durchschneidet. Ist man damit fertig, so bringe dieselben zum Trocknen, nicht zu dicht auf Papier gelegt, in die Koch= oder Bratröhre. Kleine Horden von Draht sind dazu noch besser, als nur Papier. Diese getrock= neten Bohnen werden nun in Schachteln oder Kisten in trocknen Gemächern aufbewahrt, damit sie nicht Feuchtigkeit anziehen und schimmlig werden.

12. Bewährte Heilsalbe für Brandwunden.

Man nehme gelbes Wachs und Tafelöl, von beiden gleiche Theile; lasse das Wachs in einem kleinen Näpf= chen zerlaufen, mache während dieser Zeit das Tafelöl heiß und rühre Beides zusammen, woraus sich eine ge= schmeidige Salbe bildet, welche, auf ein Läppchen ge= strichen und auf die Wunde gelegt den Schmerz be= nimmt und überraschend schnell heilt.

Ueberhaupt ist es rathsam, stets ein Fläschchen mit Spiritus in der Küche zu halten, welcher bei leicht mög= licher Verbrennung, augenblicklich angewendet, den Schmerz benimmt und die Haut vor Blasen schützt.

Suppen.

Nun, meine Freundinnen, nachdem wir uns also in der Küche gehörig umgesehen und die Vorerinnerungen beherzigt haben, wollen wir es versuchen, eine gute Suppe zu kochen, welche möglichst wohlfeil und doch auch wohlschmeckend und nahrhaft sein muß. Ich werde hier höchstens einige fünfzig verschiedene Suppen angeben, und bin nach gemachter Erfahrung in der festen Ueberzeugung, daß diese Zahl und Auswahl vollkommen hinreichend ist, einer bürgerlichen Haushaltung Abwechslung und Genuß zu bieten; denn haben Sie solche sämmtlich ein oder mehrere Male gefertigt, .so ist sicher anzunehmen, daß Sie vollkommen Meisterinnen im Suppenkochen sind und mit Leichtigkeit noch fünfzig verschiedene andere Suppen erfinden und bereiten, womit Sie Ehre einlegen können, um so mehr, als man auch von allen übrig gebliebenen Gemüse= und Grützwaarenspeisen Suppen bereiten kann.

Als gute Regel gilt, daß wenn bei der Bereitung von Suppen viel Brühe gebraucht wird und davon wenig vorhanden ist, man eine solche Suppe mit Wasser ankocht und die Brühe erst vor dem Anrichten zugießt. Wo nämlich nur ein bis zwei Pfund Fleisch gekocht wird, kann natürlich nicht von sehr viel Brühe die Rede sein, zumal wenn viel Gemüse dazu gegeben werden muß.

Zum leichten Auffinden stehen diese Suppen in alphabetischer Ordnung.

13. Aepfelsuppe.

Die Aepfel werden geschält, in Stücken geschnitten, ausgeputzt und in Wasser weich gekocht. Hierauf werden sie zerquirlt durch ein Sieb oder Durchschlag gestrichen, dieses durchgestrichene Muß in einem mit Wein

und Wasser gefüllten Topf gethan, aufgekocht, mit
Butter, Salz und Zucker abgeschmeckt, mit Ei abgezogen und mit in Butter gerösteter Semmel angerichtet.
Will man es recht schön und feierlich machen, so bestreue
man die fertige Suppe mit Mandeln und Rosinen.

14. Aprikosensuppe.

Zu drei bis vier Personen nehme man etwa eine
Mandel Aprikosen, schneide sie auf und nehme die Steine
heraus, breche solche auf und stoße die heraus genom-
menen Kerne klar. Die Aprikosen nebst den Kernen
werden nun mit etwas Citronenschale in halb Wasser
und halb Wein so weich gekocht, daß sie durch einen
feinen Durchschlag getrieben werden können. Dann
gieße man etwas Wein hinzu, mit ein wenig Salz,
Zimmt, Zucker und abgeriebener Citronenschale, lasse
es nochmals aufkochen und richte es über in Butter
gerösteten Semmelscheibchen an.

Ist sie zu dünn, so kann man sie vor dem Anrichten, mit zwei Theelöffel voll Kartoffelmehl abgequirlt,
verdicken.

15. Biersuppe von Braunbier.

Man setze eine Kanne Braunbier zum Feuer, und
wenn es anfängt zu kochen, so nehme man den Schaum
mit einem Löffel rein ab; dann in ein Nößel gute Milch
zwei Löffel voll Mehl, quirle es ab, und gieße es in das
heiße Bier, thue eine Messerspitze fein gestoßenem Ingwer,
wenig Salz und 4 Loth Butter hinein, lasse es bei
immerwährendem Quirlen eine kleine Weile kochen und
ziehe die Suppe mit einem Eidotter ab; nun thue man
in Würfel geschnittene Semmel in die Terrine, gieße die

Suppe darauf und streue viel Zucker und Zimmt darüber. Mann kann auch das Bier mit kleingeschnittener Schwarz= brodrinde und Kümmel abkochen, mit Zucker oder Syrup versüßen und mit Butter und einem Eidotter abziehen. So hat man eine einfache, aber kräftige Suppe.

16. Biersuppe von Weißbier.

Man thue in eine Kanne Weißbier etwas Zimmt, Citronenschale, Zucker nach Belieben, eine Hand voll ab= gebrühte und fein gewiegte Mandeln und ganz wenig Salz, ein kleines Stückchen Butter und zwei Löffel voll gute, saure Sahne; läßt dieses zusammen schnell heiß werden, aber ja nicht ganz kochen; nun quirlt man in einen Topf vier Eidotter mit noch etwas kaltem Biere ab, alsdann gießt man dieses schnell in die heiße Suppe und richtet sie an.

17. Blumenkohlsuppe.

Man nehme einige Stauden Blumenkohl, putze ihn in kleine Stückchen und siede ihn erst einmal im Wasser auf; hierauf gieße man das Wasser ab, und lasse dann den Blumenkohl noch ein wenig in Fleischbrühe sieden, jedoch nicht zu weich. Nun gieße man ihn ab und lege ihn in die Suppenterrine; hierauf quirle man ein Ei in ein wenig kaltem Wasser mit einem Löffel Mehl ab, thue dieses mit etwas gestoßener Muskatenblume in die kochende Fleischbrühe, quirle es tüchtig, und richte es über den Blumenkohl an.

18. Buttermilchsuppe.

Man läßt 1½ Kanne Buttermilch unter bestän= digem Umrühren, damit sie nicht anbrenne, recht heiß

werden, dann etwas Milch kochend gemacht, mit zwei
Eidottern und einem Löffel Mehl abgezogen und zu der
heißen Buttermilch gegossen. Nun läßt man das Ganze
unter beständigem Umrühren aufgrübeln, thut Zucker,
Salz und Butter daran und richte es über würflig
geschnittenes Schwarzbrod an; auch streue etwas Zimmt
darüber.

19. Champignonsuppe.

Hierzu nimmt man schöne, frische Champignons,
putzt und zieht sie ab, schneidet sie in kleine, würflige
Stückchen, wäscht sie mehrmals rein und läßt das
Wasser ablaufen. Nun läßt man ein viertel Stückchen
Butter in einem Tiegel heiß werden, gießt ein wenig
gute Fleischbrühe dazu und dünstet die Champignons
darin weich. Dann nimmt man Fleischbrühe, zieht sie
mit einigen Eidottern nebst einem Löffel Mehl ab, würzt
es mit Mußkate, auch, je nach Geschmack, mit einem
Glase Weißwein und thut die weich gedämpften Champignons hinzu. Hierzu passen ganz vorzüglich Semmelklößchen oder geröstete Semmel.

20. Chocoladensuppe.

In zwei Kannen kochende Milch thut man ¼ Pfund
geschnittene Chocolade, kocht sie eine Viertelstunde, indem
man sie öfters aufrührt, damit sie nicht anbrennt;
hierauf wird sie mit Zucker und wenig Salz abgeschmeckt,
mit zwei Eidottern abgezogen, und über Zwieback oder
Semmel angerichtet.

21. Eiersuppe oder Rockensuppe.

Zwei Eier und etwa 4 Loth Butter werden zusammen zu Schaum geschlagen, dann zwei Eßlöffel Mehl

sowie ein voller Löffel Sahne dazu genommen und ein Teig daraus gemacht. Man setze nun Fleischbrühe zum Feuer und sobald solche kocht, zertheile vermittelst eines Löffels den Teich in kleine Stückchen, lasse diese in die kochende Brühe fallen, einigemal überwallen, und richte sie gleich an.

22. Erbsensuppe.

Man setze ein Nößel ausgelesene Erbsen mit kaltem Flußwasser auf's Feuer, lasse solche recht weich kochen, und quirle sie fein durch den Durchschlag. Dann thue man Butter, Salz und ein wenig Pfeffer daran, und gebe beim Auftragen in Butter geröstete Semmel= schnittchen besonders dazu, damit sich Jeder nach Be= lieben zur Suppe nehmen kann.

23. Fadennudelsuppe.

Man nehme Fadennudeln, breche die Röllchen einmal durch und lasse sie im kochenden Wasser einmal über= wallen, dann schütte sie in den Durchschlag, damit das Wasser rein ablaufe. Nun lasse man die Nudeln in kochender Fleischbrühe langsam ausquellen, thue etwas gewiegte Petersilie hinzu und schmecke sie mit Salz und Muskate ab.

Sind die Nudeln aber recht frisch und gut, so ist das Abkochen in Wasser nicht nöthig und kommen sie gleich in die kochende Brühe.

24. Französische Suppe.

Man nimmt von schönem, festem Kohl, Kerbel, Kohl- rabi, Borei, Petersilienwurzel und Möhren von jedem gleiche Theile, schneidet sie wie Nudeln, thut vier bis fünf Champignons in Scheibchen geschnitten dazu, nebst 4 Loth Butter in ein Kasseroll, das Geschnittene darein, und läßt es eine halbe Stunde dünsten; dann fügt man

etwas Muskatenblüthe und etwas Pfeffer hinzu, füllt
es mit Brühe auf und läßt es so lange kochen, bis das
Gemüse weich ist. Beim Austheilen der Suppe reicht
man in Butter geröstete Semmelschnittchen herum.

25. Gräupchensuppe.

Acht Loth feine, gewaschene Gräupchen dünstet man
mit in vier Loth steigender Butter ein wenig weiß,
gießt dann etwas Wasser darauf und läßt es anquellen.
Nun gießt man zwei Kannen Fleischbrühe hinzu und
läßt es langsam weich kochen, hierauf mit zwei Eidotter
abgezogen und mit Sahne und etwas Muskate abge=
schmeckt. Um der Suppe eine schöne Farbe zu geben,
thue man etwas Krebsbutter oder rothe Schmelzbutter
darüber.

Daß man die Gräupchen in Butter dünstet, bewirkt, daß
sie schön weiß, und schneller weich werden, auch wird dadurch das
Ueberlaufen verhindert.

26. Griessuppe.

Man nehme ein Nößel Gries, quirle solchen nach und
nach in sechs Nößel kochende gute Brühe und Wasser und
fahre so lange mit Quirlen fort, bis er angequollen
ist. Alsdann läßt man ihn noch ein Weilchen stehen,
damit er gut ausquellen kann. Hat man nur Wasser
statt Brühe genommen, so kommt noch etwas Butter
und Salz dazu. Dann noch mit zwei Eiern abziehen.

27. Hafergrützsuppe.

Ein Nößel Hafergrütze setzt man mit drei Nößel
Wasser zu und läßt es gut auskochen, treibt sie alsdann
durch einen Durchschlag, thut etwas Butter und wenig

Salz dazu, quirlt sie mit ein bis zwei Eidottern ab und gießt nun die Suppe auf die in der Schüssel befindlichen Semmeltheilchen.

28. Hagebuttensuppe.

Die Hagebutten werden entweder frisch oder getrocknet mit kaltem Wasser zugesetzt und weich gekocht; dann streicht man sie durch einen Durchschlag und röstet zwei Hände voll geriebene Semmel in Butter gelb, gießt die Brühe hinzu, und ein Glas Wein, Zucker und Zimmt, läßt es eine halbe Stunde kochen, und richtet sie dann an.

29. Hechtsuppe.

Man siedet einen Hecht, (oder auch einen andern Fisch) schneidet ihn, nachdem man ihn von allen Gräten gereinigt und abgeschuppt hat, in kleine Stückchen und schwitzt diese in Butter ab. Nun nimmt man Sellerie, Petersilienwurzel und Zwiebeln, schneidet dieses in Scheibchen und schwitzt es in Butter; hierauf schneidet man Semmel in dünne Scheiben, thut sie nebst Fleischbrühe zu dem Wurzelwerk und läßt es tüchtig durchkochen. Dann quirlt man einige Löffel Mehl mit Fleischbrühe klar, schüttet dieß hinzu und läßt diese Suppe kochen. Hierauf kommt die Hälfte der in Butter gedünsteten Stückchen Hecht hinein, und wird nun Alles durch einen engen Durchschlag oder Sieb in die Suppenterrine gestrichen und die andere Hälfte der Fischstückchen mit hinein gethan.

30. Heidelbeersuppe.

Auf eine Kanne getrocknete oder frische Heidelbeeren gießt man eben so viel Wasser hinzu und läßt es etwa

eine Viertelstunde kochen, quirle sie nun durch den Durch=
schlag und thue Butter und Zucker dazu. Hierauf wird
sie mit Mehl und Wein abgezogen und mit Zimmt
bestreut.

Einen Zwieback auf jede Portion noch extra gegeben, erhöht
den Genuß.

31. Hollunder= (Flieberbeeren=) Suppe.

Ein Nößel reife, gewaschene Hollunderbeeren koche
man in zwei Nößel Wasser mit Zimmt und Citronen=
schale eine halbe Stunde aus und zerquirle sie durch
einen feinen Durchschlag oder Sieb. Hierauf versüße
man es nach Belieben mit Zucker und salze es behutsam,
lasse die Suppe nun noch einmal aufkochen und ver=
dicke sie mit zwei Kaffeelöffel voll Kartoffelmehl, welches
zuvor mit ein wenig Wasser angerührt wird. In Butter
geröstete Semmel wird bei Tische dazu herumgereicht.

Ein Glas Rothwein dazu gekocht, macht die Suppe noch
feiner.

32. Hollunderblüthensuppe.

Hierzu nehme man drei bis vier recht volle gesunde
Blüthentrauben, wasche sie noch besonders ab und lasse
sie in kochender Milch eine Viertelstunde ziehen, dann
mit zwei Eidottern abgezogen, mit Salz und Zucker
abgeschmeckt, und über Zwieback angerichtet.

33. Kartoffelsuppe.

Eine Mandel Kartoffeln werden roh geschält, rein
gewaschen und mit Salz, Sellerie und Zwiebeln weich
gekocht. Hierauf zerquirle man sie recht fein und würze
sie mit etwas Pfeffer und Butter oder Rindstalg nach

Belieben. Soll sie recht schön angeputzt sein, so thue man entweder gewiegte Peterfilie oder einen Kaffeelöffel voll geriebene Möhre daran.

Besonders pikant wird die Suppe, wenn man einen Teller voll geriebenen Schweizerkäse zum beliebigen Ueberstreuen herumreicht.

34. Kerbelsuppe.

Man nehme zwei Hände voll Kerbel, lese und wasche ihn rein, wiege ihn dann recht klein, und schmore ihn in zerlassenem Rindstalg oder Butter. Ist er nun weich geschmort, so thut man ihn in kochende Fleisch=brühe, und quirlt dieß mit ein oder zwei Eidottern ab, verdickt die Suppe mit geriebener Semmel und reibt etwas Muskate darüber.

35. Eine Kindersuppe.

Man nehme vier Eßlöffel voll gutes Mehl, thue solches in eine flache Schüssel·, schlage ein Ei hinein und hacke mit einem Holz= oder Blechlöffel hin und her, bis das Ganze zu kleinen Klümpchen geworden ist; dann nehme man ein wenig Mehl zwischen beide Hände und reibe damit die Klümpchen noch etwas klar, worauf sie durch einen weiten Durchschlag gesiebt werden. Nun mache man Fleischbrühe (die nicht sehr gewürzt und salzig sein darf) kochend, rühre die Klümpchen hinein und lasse sie noch ein halbes Stündchen langsam kochen, dann gebe man sie, nicht zu heiß, den lieben Kleinen auf das Tischchen, welche sicherlich tüchtig darauf los löffeln werden.

Das Mehl und die Eier darf man ja nicht rühren. sondern nur nach obiger Angabe so geschwind als möglich backen.

36. Kirschsuppe.

Eine Kanne süße Kirschen mit ihren Kernen zerstoße man im Mörser, eine oder einige Kirschen auf einmal, schütte dann das Ganze in eine Kanne Wasser und lasse es eine Stunde mit Zimmt, Nelken und Citronenschale kochen; quirle zwei Theelöffel voll Kartoffelmehl, welches vorher in Wasser aufgelöst wurde, hinein und gieße das Ganze durch ein Haarsieb. Wein und Zucker kann man nach Belieben hinzuthun, und geröstete Semmel oder Zwieback beigeben.

37. Kräutersuppe.

Die besten Suppenkräuter dazu sind Kerbel, die Herzchen von Kopfsalat, Portulak und Sauerampfer; zur Noth gehen auch Petersilie, die Herzen von Selleriekraut, Kohlblättchen und Majoran. Die beständigen Suppenkräuter dazu sind ein Drittel Kerbel und zwei Drittheile der übrigen Kräuter.

Diese Kräuter werden rein gewaschen, mit einem Wiegemesser fein geschnitten und in Butter gedünstet. Nun nimmt man kochende Fleischbrühe, zieht sie mit Eiern, Sahne, Mehl und frischer Butter ab, thut die gedünsteten Kräuter dazu und läßt sie noch ein wenig anziehen. Gedünstete Schotenkerne sind eine willkommene Zugabe. Man giebt die Suppe mit Semmelklößchen oder in Butter gerösteten Semmelschnittchen.

Will man die Suppe klar haben, so muß die Fleischbrühe kräftig sein und darf nicht abgezogen werden. Da hinein passen Blumenkohl, Reis, Macaroni und Sternnudeln.

38. Krebssuppe.

Auf 5—6 Personen wird ein halbes Schock Krebse

rein gewaschen, in einen Topf gethan, gesalzen, eine
Hand voll grüne Petersilie hinzugethan, kochendes
Wasser darüber gegossen und so schnell als möglich auf
raschem Feuer zwei bis drei Minuten gekocht, alsdann
sofort das Wasser abgegossen. Nun löse man die
Schwänze und Scheeren von den Krebsen, mache das
Fleisch aus beiden heraus, entferne den obenauf befindlichen Darm, indem solcher durch einen leichten Schnitt
blos gelegt wird; ist dies geschehen, so nehme man die
Nasen und hebe sie behutsam von den Rümpfen ab,
mache die Galle nebst allem Unrath heraus und lege
die reinen Rümpfe bei Seite. Sämmtliche Schalen und
Beine werden nun mit einem Löffel Mehl nach und
nach gestoßen, acht bis zehn Loth Butter in einem Tiegel
heiß gemacht, und sobald sie steigt, den gestoßenen Teig
hineingethan und einigemal gerührt bis die Butter sich
schön roth färbt. Die rothe Butter wird alsdann mit
einem Löffel abgenommen, und das Fleisch von den
Schwänzen und Scheeren darin ein wenig gedünstet.
Den übrigen Teig und die bei Seite gelegten Rümpfe
kocht man nun in guter Rindfleisch- oder Hühnerbrühe,
die aber nicht sehr gesalzen sein darf, eine halbe
Stunde lang gut aus und gießt es durch einen engen
Durchschlag in einen andern Topf; nun quirlt man sie
mit zwei Eidottern und einem halben Löffel voll Mehl
ab und legt die gedünsteten Schwänze und Scheeren
nebst kleinen Semmelklößchen dazu. Nach Belieben kann
man auch, was die Jahreszeit bietet, hinzuthun, als:
Schoten, Blumenkohl, Spargel u. s. w.

Der Teig zu Semmelklößchen wird gefertigt, indem
man 4 Loth Schmelz- oder Tafelbutter mit etwas Krebsbutter vermischt, gelinde weich werden läßt und in einer Schüssel recht glatt
rührt, alsdann schlage man ein ganzes Ei und zwei Eidotter

hinein und rühre es nochmals tüchtig durch, würze es mit ein wenig Muskate, salze es gelinde, wenn es nöthig ist, und vermenge diese Masse mit so viel feiner frisch geriebener Semmel, bis sich Klößchen daraus formen lassen. Nun läßt man sie einigemal in kochender Brühe oder Wasser aufwallen.

39. Kümmelsuppe.

Dazu nimmt man Rindstalg, Schweinefett oder Butter in einen Tiegel, läßt es heiß werden und thut drei Löffel voll ordinäres Mehl hinzu, läßt es braun werden, thut eine fein geschnittene Zwiebel und eine kleine Handvoll rein gewaschenen Kümmel hinein und läßt es noch ein wenig braun werden, gießt dann so viel siedendes Wasser hinzu, als man glaubt Suppe zu gebrauchen, salzt sie und läßt sie noch eine Viertel- stunde aufkochen; dann richtet man sie über Semmel- schnitten an.

40. Lebersuppe.

Hierzu nehme man eine Kalbsleber, koche diese in siedendem Wasser eine halbe Stunde ab. Nun nimmt man sie heraus, legt sie zum schnellen Abkühlen in kaltes Wasser und reibt sie dann auf einem Reibeisen; hierauf nimmt man zwei Kannen kochende Fleischbrühe, thut eine derbe Portion geschnittene Petersilie hinzu, nach Belieben ein wenig Majoran und läßt dies zu- sammen aufkochen. Man richtet nun die Suppe über geröstete Semmel- oder Brodschnitten und etwas Pfeffer an.

41. Locken- oder Schwemmklößesuppe.

Man läßt eine Viertelkanne Milch mit vier Loth Butter aufkochen, schüttet unter schnellem Rühren sechs

bis acht Loth Mehl hinein und macht hiervon auf
schwachem Feuer einen ganz steifen Teig. Nun nimmt
man ihn vom Feuer und rührt ein Ei hinein, bis er
verkühlt ist, dann noch zwei Eier und zwei Dotter nebst
zwei Loth Butter darunter, streicht ihn daumendick breit,
sticht die Klöße ein halbes Ei groß mit einem in heiße
Brühe getauchten Löffel als eckige, nicht runde Stückchen
ab und kocht sie vier bis fünf Minuten in schwachem
Salzwasser.

Man nimmt sie dann sogleich heraus, legt sie in
die Suppenterrine und gießt eine gute, klare, weiße oder
braune Fleischbrühe darauf.

42. Mehlsuppe eingebrannt.

Man röste einige Eßlöffel Mehl in Rinds = oder
Schöpfenfett, besser noch in Butter, kastanienbraun,
während dessen wird Fleischbrühe oder Wasser kochend
gemacht, das braune Mehl hineingerührt und nochmals
aufgekocht; thut nun etwas Gewürze hinzu, wenn nöthig
auch etwas Salz, und richtet sie über dünn geschnittenen
Semmelscheibchen an.

43. Milchsuppe.

Man mache zwei Kannen Milch kochend und quirle
sie mit zwei Eiern und einem Löffel Mehl ab, thue ein
wenig Salz daran und richte sie über geschnittener
Semmel oder Schwarzbrod an.

44. Mockturtlesuppe.

Man nimmt einen Kalbskopf und zwei Kalbsfüße,
schneidet den Kopf unten der Länge nach auf und löst
die Kinnbackenknochen heraus, auch einen Theil des vor-

dern Schnauzknochens, damit man alle häutigen und unsauberen Theile von dem Gaumen, den Kinnbacken-lappen und auch aus den Ohren herausmachen kann. Ist dieß geschehen, so brühe man den Kopf und die Füße einigemal ab, koche dieß nun mit recht wenig gesalzener Rindfleischbrühe und Möhre, Sellerie, kleinen Zwiebeln, zwei Lorbeerblättern und Pfefferkörnern eine Stunde. Nun nimmt man das Gehirn und die Zunge heraus, häutet die Zunge ab und legt solche mit dem Gehirn bei Seite; den Kopf und die Füße läßt man nun noch 1½ Stunde langsam fortkochen, damit die Brühe recht kräftig wird (hat man etwa Schinken-abgänge bei der Hand, so thue man diese mit hinzu, denn es verbessert die Brühe), dann gießt man das Ganze durch ein Haarsieb rein ab und giebt so viel abgeschwitzten und durchstrichenen Sauerampfer dazu, daß die Suppe ein grünbräunliches Aeußere davon be-kommt; ist eben kein Sauerampfer vorräthig, so färbt man die Brühe mit etwas Bratenjus schön braun und thut etwas Kartoffelmehl in Wasser aufgelös't hinzu, damit die Suppe seimig wird: ist dieß geschehen, so schmeckt man die Suppe mit Madeira ab und thut eine Messerspitze voll Pfeffer hinzu. Auf zwei Kannen Suppe rechnet man eine Viertelkanne Madeira.

Hierauf schneide man die zurückgelegte Zunge in feine Scheibchen und das Gehirn in beliebige Stückchen, so wie auch acht hartgekochte Eier in halbe Stückchen, mache von dem Kalbskopffleisch kleine Klößchen mit Semmel, Butter und Ei vermischt, koche diese Klößchen vier Minuten erst ab, thue nun Alles in eine Terrine und schütte die Suppe recht heiß darüber.

45. Morchelsuppe.

Die frischen Morcheln brüht man mit kochendem Wasser ab, damit sie beim Waschen nicht entzwei gehen, dann werden die sandigen Stiele abgeschnitten und die Morcheln nochmals rein gewaschen, daß kein Sand darin bleibt. Nun schneide man sie in kleine Stückchen, dünstet diese in steigender Butter, schüttet sie dann in kochende Fleischbrühe, welche man noch eine Viertelstunde kochend erhält; dann quirlt man in ein wenig Wasser einige Eidotter mit etwas Mehl und Petersilie ab und gießt es zu der Suppe. Nun richtet man sie mit Mus= kate und Krebsbutter über geröstete Semmel an.

Will man die Morcheln nur im Wasser kochen, so muß man mehr Butter nehmen.

46. Nierensuppe.

Man koche eine Rindsniere mit Salz, zwei Weiß= krautblättern, etwas Möhre, Sellerie, Petersilienwurzel, zwei Lorbeerblättern, ganzen Pfeffer und Neuwürzkörner weich; hierauf gieße man die Brühe davon durch ein Sieb und koche darin so viel Sago weich, daß auf jede Portion ein halber Eßlöffel voll kommt. Nun verdünne man nach Belieben diese Suppe mit irgend einer anderen Fleischbrühe und schneide von der weichgekochten Niere feine Scheibchen hinein.

(Eingesandt aus Erfurt.)

47. Pflaumensuppe.

Ein Pfund getrocknete Pflaumen werden in lau= warmem Wasser gewaschen, im Mörser klein gestoßen und in Wasser mit Citronenschale, Zimmt und Zucker weich gekocht, alsdann streiche man Alles durch ein Haarsieb, lasse es wieder heiß werden und thue einen

Löffel in Butter geschwitzten Mehl dazu, nebst so viel
Weißwein, als man Suppe haben will und lasse sie nun
noch einige Minuten verkochen. Hierauf schmecke man
sie mit dem noch fehlenden Zucker und ein wenig Salz
gut ab. Geröstete Semmel oder Schwarzbrot dazu.

48. Portulaksuppe.

Man setze Fleischbrühe an's Feuer und wenn sie
kocht, schütte man zwei Eier und einen Eßlöffel voll
Mehl mit Wasser angequirlt hinein, und lasse es noch
einmal aufkochen. Hierauf nehme man einen Suppen=
teller voll Portulak=Blätterchen (wobei aber keine Samen=
kapseln sein dürfen, welche es bitter machen), wasche
diese sehr sorgfältig, thue sie nebst etwas geriebener
Muskatnuß in die Suppe und lasse das Ganze noch ein
wenig anziehen.

49. Reissuppe.

Man nehme für sechs bis acht Personen acht Loth
Reis, quirle ihn einige Male mit heißem Wasser ab,
dann gieße man kochende Fleischbrühe zu und lasse ihn
etwa ein Stündchen langsam in der Röhre ausquellen,
während dieser Zeit wird er einige Mal behutsam mit
einem Rührlöffel in die Höhe gezogen und so oft es
nöthig ist, Brühe dazu gegossen. Nun thut man nach
Belieben Muskatnuß dazu, giebt die Suppe auf den
Tisch und reicht auf einem Teller geriebenen Schweizer=
käse dazu herum.

50. Sagosuppe.

Man rechnet auf jede Person ein Loth Sago,
nun nimmt man so viel als nöthig ist, liest ihn sorg=

fältig aus und quirlt ihn einige Male in kaltem Wasser ab, lasse ihn dann rein ablaufen und gieße gute, kochende Fleischbrühe darauf, ziehe ihn mit dem Rührlöffel behutsam in die Höhe und lasse ihn etwa eine Stunde langsam kochen, bis er durchsichtig wird. Ist es nöthig, so muß noch etwas Brühe dazu gegossen werden.

Hat man keine Fleischbrühe, so kann man auch den Sago mit Wasser zusetzen, thue etwas Citronenschale und Zimmt hinein und lasse ihn kochen, bis er etwas durchsichtig ist. Dann gieße man Wein daran, und schmecke es mit Salz und dem nöthigen Zucker ab.

51. Selleriesuppe.

Man dünstet einen guten Theil feinscheibig geschnittenen Sellerie in Butter weich, läßt alsdann einen Löffel Mehl darin schwitzen, verkocht es mit guter Fleischbrühe und streicht es durch. Hierauf quirlt man einige Eidotter mit etwas Sahne und Butter ab, thut dieß zur Suppe und richtet sie über geröstetet Semmel an.

Statt Sellerie kann man auch Petersilienwurzel nehmen, welche Wurzel einen sehr feinen Geschmack hat.

52. Wassersuppe.

Man läßt vier Loth Butter in einem Tiegel zergehen, giebt zwei gute Löffel voll Weizenmehl hinein, läßt dieses einige Minuten anlaufen, quirlt es dann in einem Topfe, worinnen sich zwei Kannen Wasser befinden, thut zwei Loth Zucker, ganzen Zimmt, ein wenig Citronenschale, etwas Salz, aber nicht zu viel, damit daß Süße vorschmeckt, hinein und läßt es nun eine Viertelstunde kochen; dann rührt man drei Eidotter in die Terrine und gießt die Suppe durch ein Sieb dazu.

53. Wassersuppe (einfach).

Man schneide Semmel oder Brod in die Suppen-
schüssel, thue etwas Butter oder Salz dazu, gieße kochendes Wasser darüber und schlage ein oder zwei Eier dazu
hinein; hierauf rühre man die Suppe etwas und trage
sie so recht heiß auf.

Diese einfache Suppe thut besonders bei leichtem Unwohlsein
(Erkältung) durch ihre Wärmeerzeugung gute Dienste.

54. Weinsuppe.

Man thue in einen Topf drei Nößel Wein und ein
Nößel Wasser, Zucker nach Belieben, ein Stückchen
ganzen Zimmt, Gewürznelken, Citronenschale und Muskatenblüthe, lasse dieses zugedeckt auf gelindem Feuer
eine Viertelstunde kochen, zerquirle sechs Eidotter mit
einem Kaffeelöffel voll Kartoffelmehl, thue etwas Butter
dazu und gieße die Weinbrühe durch ein Sieb zu den
Eiern, setze den Topf an ein schwaches Feuer und lasse
sie einige Mal unter beständigem Quirlen aufgriebeln.
Nun richte man sie über Zwieback an und trage sie
schnell auf, damit der Schaum nicht vergeht.

55. Zerfahrene Suppe.

Vier Eier, Muskate, geschnittene Petersilie und
geriebene Semmel, so viel als die Eier annehmen,
werden unter einander gequirlt, dann lasse man dieß
in kochender Hühner- oder Rindfleischbrühe zehn Minuten
aufkochen und verschönere es mit Krebsbutter.

56. Zwiebelsuppe.

Man schneide die Zwiebeln halb durch, lege sie
nach dem Wuchs, das sie beim Zerschneiden in halbe

Ringelchen zerfallen. Diese nun röstet man in Butter bräunlich, gießt Brühe hinzu, läßt es noch eine halbe Stunde kochen und richtet die Suppe mit geröstetem Brode an.

Liebt man die Suppe seimig, so thue man etwas braun geröstetes Mehl hinzu.

Kalteschalen.

57. Erdbeer-Kaltschale.

Ausgelesene Erdbeeren, am besten Wald-Erdbeeren, thue man in eine Terrine, zuckere sie tüchtig ein, lasse sie zehn Minuten stehen und gieße halb Wein und halb frisches Wasser dazu. Beim Aufsetzen thue man Zwieback hinein.

Ebenso bereitet man Himbeer-Kaltschale.

58. Heidelbeer-Kaltschale.

Man koche die Beeren mit etwas Wasser, Zimmt oder Citronenschale, die Hälfte davon streicht man durch einen feinen Durchschlag, macht es wieder kochend und mit Kartoffelmehl seimig. Dann thut man die andere Hälfte der Beeren, welche ganz geblieben sind, mit hinein und versüßt es hinlänglich mit Zucker, läßt es gehörig erkalten und giebt Zwieback dazu.

59. Kirsch-Kaltschale.

Die Kirschen werden mit Wasser, Zimmt und Zucker weich gekocht, dann durch einen feinen Durchschlag ge-

quirlt und mit Kartoffelmehl seimig gemacht, dann mit
Zucker abgeschmeckt und kalt mit Zwieback oder Semmel
gegeben.

60. Milch-Kaltschale.

Man nehme zwei bis drei Nößel Milch, lasse sie
mit etwas Zucker und Zimmt oder Chocolade kochen,
schlage zwei Eidotter in ein wenig kalte Milch, quirle
sie tüchtig durch und gieße es zu der Masse. Alsdann
lasse es schnell erkalten und gieb sie mit Zwieback zum
Tische.

61. Wasser-Kaltschale.

Man thue geriebenes Brod, kleine Rosinen, den
Saft von einer Citrone und die Schale davon auf
Zucker abgerieben in eine Terrine, gieße frisches Brunnen=
wasser darauf, rühre es um und richte es, wenn nöthig,
noch mit etwas Zucker an.

62. Weißbier-Kaltschale.

Das Bier versetze man mit geriebenem Schwarz=
brod, gewaschenen und rein gelesenen kleinen Rosinen,
nebst fein geschnittenen Citronenscheibchen und Zucker.

63. Wein-Kaltschale.

Man thut ganzen oder gebrockten Zwieback in die
Terrine, streut gestoßenen Zimmt und Zucker darauf
und gießt Wein und frisches Wasser hinzu.

Der Zwieback kann auch weggelassen werden und dafür kann
man Reis, den man zuvor mit Zucker in Wasser vorsichtig ge=
kocht hat, damit er schön weich und doch ganzkörnig bleibt, sobald
er erkaltet ist, hineinthun.

So zubereitet gilt es als Reis-Kaltschale.

Grützwaaren.

64. Linfen.

Zu vier Perfonen nehme man eine Kanne Linfen, welche vorher rein gelefen und rein gewafchen werden; man fetze fie ohne Salz mit kaltem Fluß = oder Röhr= waffer auf's Feuer und laffe fie kochen. Wenn fie nun eine halbe Stunde gekocht haben, fo gieße man das Waffer weg und erfetze es durch anderes kochendes Waffer, worinnen fie vollends weich kochen. Nun nimmt man Speck, Butter, oder irgend ein vorräthiges Fett und fchwitzet zwei Löffel Mehl gelb, ift dieß gefchehen, fo thue man eine gewiegte Zwiebel dazu und laffe es zufammen fchön braun röften. Diefes Zwiebelmehl wird nun in einen Topf gethan und das Waffer von den Linfen dazu, quirlt es tüchtig durch, falzt es, kocht es am Feuer auf; hierauf wird es zu den Linfen gefchüttet, umgerührt, und nachdem das Ganze ein wenig angezogen hat, angerichtet.

Am beften hierzu ift Schinken, Schwarzfleifch, Brat = oder Blutwurft, gebratene Kalbsleber, auch ge= bratenes Kuheuter.

Uebriggebliebene Linfen mit Fleifchbrühe verdünnt und mit in Butter geröfteten Semmelfchnittchen aufgetragen, giebt eine nahr= hafte und wohlfchmeckende Suppe.

65. Erbfen.

Man lefe und wafche die Erbfen und fetze fie ohne Salz mit kaltem Flußwaffer an; find fie eingekocht, fo gieße man nach und nach heißes Waffer zu. Sind fie weich, fo thue man ein wenig klein gewiegte Peterfilie. gehackte Zwiebeln und das nöthige Salz hinein, und laſſe ſie nochmals aufkochen. Hierauf werden die Erbſen gedrückt oder gequirlt und mit brauner Butter darüber angerichtet. Hierzu kann man Rauch= oder Pökelfleiſch, Brat= oder friſche Wurſt geben.

Will man die Hülſen entfernen, ſo werden die ge= quirlten Erbſen durch einen Durchſchlag getrieben.

Grüne Erbſen werden ebenſo gekocht, aber ſtatt der Zwiebeln Mehl in Butter geſchwitzt, daran gethan und mit Fleiſchbrühe, wie die grünen Schotenkerne verdünnt. Siehe Nr. 104.

66. Weiße Bohnen.

Wenn die Bohnen geleſen und abgewaſchen ſind, werden ſie in Flußwaſſer weich gekocht, dann das Waſſer abgegoſſen und in Fleiſchbrühe mit etwas in Speck ge= röſtetem Mehl, Selleriewurzel, Pfeffer und Salz noch= mals aufgekocht und ſo angerichtet.

Hierzu ſchmeckt Bratwurſt oder Rauchfleiſch gut.

67. Hirſe.

Man nehme zu 3 bis 4 Perſonen ein Nößel Hirſe, quirle ihn erſt mit kaltem und dann mit heißem Waſſer ab, und gieße nun ein Nößel kochendes Waſſer darauf, damit er anquelle; iſt er etwas dick, ſo ſchütte nach und nach kochende Fleiſchbrühe dazu, wobei er jedes Mal mit dem Rührlöffel in die Höhe gehoben wird. Bei mäßiger Hitze läßt man ihn nun vollends ausquellen, und beim Anrichten überreibt man ihn mit Muskatnuß und giebt einige Löffel Brühe darüber.

Der Hirſe ſchmeckt mit Rind= und Schweinefleiſch.

68. Gräupchen.

Man nimmt zu 4 Perſonen ein halbes Pfund feine Gräupchen, und läßt ſelbige zuvor in ein wenig Waſſer,

worin man ein Stückchen Butter gethan, eine kurze Zeit
aufkochen (sie werden weißer, als wenn sie gleich in
Fleischbrühe zugesetzt werden). Hierauf gießt man
kräftige Fleischbrühe hinzu und läßt sie gehörig ausquellen.

Ordinäre Gräupchen müssen vor Gebrauch erst mit
heißem Wasser zweimal abgequirlt werden.

Man giebt sie zu Rindfleisch, Kalbfleisch oder Tauben.

69. Reis.

Zu 3 bis 4 Personen nehme man ein halbes Pfund
guten Reis, quirle ihn einige Mal mit kochendem Wasser
recht ab, setze ihn hierauf in guter Fleischbrühe an, und
lasse das Ganze langsam ausquellen. Man darf ihn
aber nicht sehr rühren, sondern mit dem Rührlöffel nur
behutsam umdrehen, damit er nicht mußig wird. Zu
Rind= oder Kalbfleisch gegeben, und etwas geriebene
Mußkatennuß darüber gestreut.

Durch das Hinzustreuen von großen und kleinen Rosinen wird
der Genuß noch erhöht, besonders ist dies den Kindern willkommen.

70. Fadennudeln.

Man nehme zu vier Personen ein halbes Pfund
Fadennudeln, breche die Röllchen einmal durch und thue
sie in kochendes Wasser, nun lasse man sie einmal über=
wallen, schütte sie in den Durchschlag und lasse das
Wasser rein ablaufen. Hierauf lasse man die Nudeln
in kochender Brühe langsam ausquellen. Man hüte sich
ja vor alter, dumpfiger Waare. Siehe Suppe Nr. 23.

Junge Tauben eignen sich am besten hierzu und ist
vorzugsweise schwachen Magen zu empfehlen.

Gemüfe.

Die Gemüfe find für die bürgerlichen Küchen von befonderer Wichtigkeit; ich verweile mich daher auch etwas länger dabei und glaube in den hier gebotenen zweiundvierzig verfchiedenen Gemüfegerichten, welche mir als die gebräuchlichften bekannt find, nicht zu viel angegeben zu haben. Es ift auch eine wahre Freude, das fchöne, frifche Grün mit dem Bewußtfein durchzuarbeiten, daraus für unfere Familie eine wohlfeile, fchmackhafte und gefunde Mahlzeit bereiten zu können.

Um das Auffuchen zu erleichtern, habe ich diefe Gemüfe in alphabetifche Ordnung gefetzt.

71. Leipziger Allerlei.

Zu diefem fo beliebten Gericht können faft alle Gemüfe verwendet werden. Ich nehme vorzugsweife

folgende gern: Junge Schotenkerne, Blumenkohl, Spar=
gel, Morcheln, Kohlrabi, Möhren, nebst Semmelklößchen,
gefüllte Krebsnasen und Krebsschwänze.

Schotenkerne. Ein Teller voll Schotenkerne mit
4 Loth ungesalzener Butter werden in einem Tiegel
weich gedünstet; sind sie nicht zu alt, so können sie in
zehn Minuten gut sein.

Blumenkohl. Ein Teller voll Blumenkohl wird
in kleine Rosen geputzt, mit kochendem Wasser und ein
wenig Salz ¼ Stunde gekocht, nur nicht zu weich, da=
mit er ganz bleibt.

Spargel. Er wird mit einem Messerchen sorg=
sam abgeschält, in Zoll lange Stückchen geschnitten, in
kochendes Wasser ohne Salz gethan und so etwa eine
halbe Stunde gekocht; ist er zu weich geworden, so
gieße man etwas kaltes Wasser darüber, dann wird er
wieder fest.

Morcheln. Eine kleine Obertasse voll getrocknete
Morcheln werden Abends vorher in kaltes Flußwasser
eingeweicht und zum Gebrauch die Stiele abgeputzt,
dann drei= bis viermal in frischem Wasser sorgsam aus=
gewaschen, indem man jede einzeln in die Hand nimmt
und im Wasser den Sand herausspült. Nun übergießt
man sie mit ein wenig kochender Brühe und läßt sie
darin einmal aufkochen.

Kohlrabi. Man schneide zwei Stück geschälte
Kohlrabi in Zoll lange, schwache Stückchen und setze sie
mit kochendem Wasser und ein wenig Salz zu.

Möhren. Sechs bis acht junge Möhren schabe
man rein ab, schneide sie in Stückchen wie den Kohlrabi,
und schmore sie in ¼ Stückchen Butter weich.

Semmelklößchen. Man lasse 4 Loth Butter

in einer Schüffel weich werden (aber nicht zerlaufen, weil fonft die Klößchen hart werden); nun wird fie mit einem Löffel zu Schaum gerührt, hierauf zwei Eidotter und ein ganzes Ei hinzu gethan und mit der Butter nochmals gerührt, würze es mit Muskatnuß, salze es gelinde, wenn es nöthig ift, und vermenge diese Maſſe mit so viel friſch geriebener Semmel, bis ſich Klößchen daraus formen laſſen. Nun laſſe man ſie einige Mal in kochender Brühe oder Waſſer aufwallen. (Man reibe die Semmel ja erſt bei Gebrauch, weil ſonſt die Klößchen leicht zu hart werden.)

Krebsnaſen. Mit dem Teig der vorſtehenden Semmelklößchen gefüllt und in Krebsbutter geröſtet.

Krebsſchwänze. Man breche die Schwänzchen aus der Schale, entferne den oben auf liegenden Darm durch einen leichten Schnitt daraus und ſchmore ſie in Krebsbutter.

Diesem Allen vereinigt muß nun eine gute Krebs- brühe den Hauptgeschmack geben. Eine Mandel Krebſe werden rein gewaschen, mit kochenden Waſſer übergoſſen und gesalzen, einige Mal aufgekocht und, sobald ſie ſich roth gefärbt haben, abgegoſſen. Nun breche man die Scheeren und Schwänze ab und hebe die Naſen behut- ſam von den Rümpfen, mache die Galle nebſt allem Unrath heraus und lege die reinen Rümpfe bei Seite. Die Scheeren, Beine und Schalen von den Schwänzen werden nun im Mörſer geſtoßen, zehn Loth Butter im Tiegel heiß gemacht, und sobald ſie ſteigt, die geſtoßenen Schalen hineingethan und unter ſtetem Umrühren ge- ſchmort, bis die Butter ſchön roth iſt. Dieſe rothe Butter wird alsdann mit einem Löffel abgenommen und damit die Schwänzchen und Naſen geschmort. Die zurückgebliebenen Schalen und die bei Seite gelegten Rümpfe kocht man nun in guter Rindfleisch= oder Hühner= brühe, die jedoch nicht sehr gesalzen sein darf, eine halbe Stunde lang gut aus, quirlt einen Löffel Mehl in Butter geschwitzt dazu, kocht dies nun nochmals auf und gießt dann diese Sauce durch einen engen Durch= schlag, oder besser noch Haarsieb. Hierauf schmecke man diese Sauce ab und vermische sie mit den fertig ge= machten und warm gehaltenen Gemüsen, mit Ausnahme des Blumenkohls. Wenn dies nun Alles besorgt ist, so richte man es auf einer tiefen Schüssel an, stecke etwas Blumenkohl, welcher weiß bleiben muß, in die Mitte des nun roth aussehenden Allerlei, putze den Rand der Schüssel mit den geschmorten Krebsnasen und Semmelklößchen, Krebsschwänzchen, und noch übrigen Blumenkohl aus.

Hierzu giebt man junge Hühner, Tauben, Cote= letten, auch Pökelrindszunge.

72. Artischocken.

Dies ist ein distelartiges Gewächs. Die Blumen= köpfe wachsen an einem langen Stiele und bestehen aus dem fleischigen Boden und dem durch spitzige, dachziegel= förmig übereinander liegende Schuppen gebildeten Kelch; innerhalb des Kelches befinden sich eine Menge Staub= fäden. Will man sie genießen, so schneidet man von den Spitzen einen Finger breit und von dem Boden so viel von den grünen bittern Theilen ab, bis das weiße Fleisch durchscheint, reibt den Boden mit Citronensaft und kocht die Artischocken in Wasser, Salz und etwas Essig, etwa eine halbe Stunde ab bis sie weich sind; ist dies geschehen, so werden sie herausgenommen und von den inwendig befindlichen Staubfäden befreit, so daß sie das Ansehen eines kleinen Bechers bekommen. Man thut sie nun in ein Kasseroll, mit etwas Butter und leichter Brühe darauf, aber nur so viel, daß der Boden damit bedeckt wird, und stellt sie so heiß. Beim An= richten stellt man diese fertigen Artischocken in eine Schüssel und füllt in die Oeffnungen fertig gekochte Schotenkerne nach Nr. 104. Diese Speise ist leicht und bekömmt den zartesten Personen. Man kann sie mit rohen Schinken, Lachs, Gänsebrust oder gebackener Gänseleber geben.

73. Blumenkohl.

Der Blumenkohl wird rein geputzt; wenn es eine schöne große Blume ist, wird sie in beliebige kleine Rös= chen getheilt und mit kochendem Wasser und Salz weich gekocht. Nun läßt man vier Loth Butter in einem Tiegel heiß werden, nimmt einen Löffel voll Mehl und läßt es darin schwitzen, gießt gute kochende Fleischbrühe hinzu mit ein wenig Muskatenblumen und läßt es auf= kochen; hierauf wird diese Sauce mit einem Eidotter, welches vorher mit ein wenig Wasser abgequirlt worden ist, abgezogen. Beim Anrichten wird der Blumenkohl abgegossen, in der Schüssel hübsch arrangirt, und die fertige Sauce darüber gegossen. Hierzu paßt Rindfleisch, junge Hühner oder Coteletten.

74. Bohnen.

Die jungen Bohnen werden, wenn von beiden Seiten die Fasern abgezogen sind, gewaschen, beliebig klein geschnitten und mit etwas Butter, geschnittener Zwiebel, Salz und wenig Fleischbrühe weich gekocht.

Etwas in Butter geschwitztes Mehl wird nun mit der Brühe von den Bohnen aufgefüllt, über die Bohnen geschüttet, umgeschwenkt und zusammen verkocht. Das Gericht muß leicht dicklicht, aber nicht mehlig sein; man muß sich daher mit dem Mehle genau nach dem Quantum der Bohnen richten. (Diese Regel ist auch bei allen übrigen Gemüsen zu beobachten.) Kurz vor dem Anrichten nimmt man etwas fein geschnittene, rohe Petersilie, läßt sie mit den Bohnen aufgriebeln und schmeckt sie mit Salz und einer Prise Pfeffer ab. Hierzu eignet sich Rind- und Schöpsenfleisch, Coteletten, neue Heringe, auch roher Schinken.

Sind die Bohnen schon alt, so müssen sie zuvor in kochendem Wasser halb weich gekocht, dann abgegossen und so behandelt werden, wie die jungen Bohnen.

75. Grüne Bohnen in Milch.

Man koche die abgeputzten, fein geschnittenen Bohnen in Salzwasser etwas weich, gieße sie rein ab, mache in einem Tiegel ¼ Stückchen Butter weich, thue 2 Löffel voll Mehl hinein, lasse es einige Minuten schwitzen, gieße kalte Milch zu, thue Salz und wenig Muskatennuß und die Bohnen hinein, lasse sie darin ferner weich kochen, schwenke sie auch einmal um, damit sie nicht anbrennen, und richte sie dann an.

76. Getrocknete Bohnen.
(Siehe Seite 8.)

Die Bohnen werden mit kochendem Wasser und Salz zugesetzt und weich gekocht, dann abgestoßen und wie die jungen Bohnen behandelt.

77. Braunkohl.

Der Braunkohl wird von den Strünken rein ab=
gestreift, mehrere Male tüchtig gewaschen und mit
kochendem Wasser und Salz weich gekocht. Hierauf
gießt man das Wasser rein ab, schneidet ihn mit dem
Wiegemesser fein, röstet zwei Löffel Mehl in Fett oder
Butter braun, gießt kochende Fleischbrühe hinzu und läßt
es aufkochen. Thut alsdann den gewiegten Kohl hinzu,
würzt ihn mit einer Prise Pfeffer und mit dem noch
nöthigen Salz und läßt ihn nochmals aufgriebeln. Beim
Anrichten kann man das Gericht mit gebratenen Kar=
toffeln, oder mit hart gekochten Eiern belegen. Auch
kann man gekochte Kartoffeln in der Schale dazu geben.
Rindfleisch, Schöpfenfleisch, Geflügel kann man
unter aller Zurichtung dazu geben.

78. Endivien.

Die gelben Endivien befreit man von den dicken
Stielen, wäscht sie rein und kocht sie in Wasser etwa
eine Stunde weich, gießt das Wasser ab und wiegt sie
gröblich. Hierauf nehme man einen Löffel in Butter
geröstetes Mehl, gieße Fleischbrühe darauf, verkoche
dieses und thue einen Teller voll gereinigter Endivien
dazu, lasse es nun noch ein wenig aufkochen. Dieses
Gericht wird mit Würstchen jeder Art, Coteletten oder
gebackenen Tauben gegeben.
Die grünen breitblätterigen Endivien lese
und wasche man rein und wiege sie gröblich. Nun
dämpft man sie in wenig Fleischbrühe, ohne weitern
Zusatz, nur lasse man sie nicht ganz gar werden, damit
sie grün bleiben, denn mit der Farbe pflegt auch zugleich
ihr feiner Geschmack zu verkochen.

79. Erdrüben. (gelbe Kohlrüben.)

Die Erdrüben werden geſchält, gewaſchen, in Scheibchen geſchnitten und in kochendem Waſſer mit etwas Salz auf's Feuer geſetzt. Sind ſie weich, ſo gieße man das Waſſer ab; während der Zeit röſte Mehl in Fett braun, thue hierzu etwas rein geleſenen Kümmel, gieße kochende Fleiſchbrühe darauf und laſſe es fünf Minuten aufkochen. Nun ſchütte man die Rüben hinzu und laſſe ſie bis zum Anrichten ſtehen. Hierzu paßt am beſten Schöpſenfleiſch.

80. Hopfenkeimchen.

Man benutzt die jungen Keimchen, welche zu Anfang des Frühlings als ganz dünne, ſpargelartige Körper aus den Wurzeln des gemeinen oder wilden Hopfens hervorſprießen, als das erſte Frühlingsgemüſe. Das Putzen dieſer kleinen ſpindelartigen Körper iſt ſehr zeitraubend; man lege ſie ſofort, nachdem ſie geputzt ſind, in kaltes Waſſer, ſonſt werden ſie ſchwarz. Nun ſiedet man ſie in Waſſer, dünſtet ſie nach dem Abtropfen mit ein wenig Butter, vermiſcht ſie mit etwas Mehl und Fleiſchbrühe, läßt ſie mit einem Stückchen Zucker und klarer Peterſilie durchkochen und zieht ſie mit einigen Eidottern ab. Man kann Coteletten, Geflügel oder friſche Rindszunge dazu geben.

81. Kartoffeln zu kochen.

Sogar das bloße Kochen der Kartoffeln hat ſeine Regeln, welche, wenn man ſie befolgt, kleine Vortheile bringen. — Die ſogenannten Frühkartoffeln und diejenigen, welche friſch aus der Erde genommen, oder erſt kurze Zeit heraus ſind, werden mit recht wenig

kaltem Waſſer auf's Feuer geſetzt und gut zugedeckt;
fangen ſie an zu kochen, ſo wird ein Löffel voll kaltes
Waſſer nachgegoſſen, und dieſes 3 bis 4 Mal wieder=
holt; unterläßt man dies zu thun, ſo kommt
es gewöhnlich vor, daß ſie zeitig aufſprin=
gen, auswendig mehlig und inwendig doch
noch hart ſind. Sobald ſie anfangen aufzuſpringen,
wird alles Waſſer davon abgegoſſen, und nun läßt man
ſie noch ein paar Minuten zum Trocknen warm ſtehen.

82. Kartoffelſtückchen.

Rohe Kartoffeln werden geſchält, gewaſchen und
in beliebige Stückchen geſchnitten, dann gieße man kochen=
des Waſſer darauf, worin ſie zugedeckt einige Mal über=
wallen müſſen. Dann läßt man ſie rein ablaufen, thut
klaren Pfeffer und rein geleſenen Kümmel daran,
füllt kochende Fleiſchbrühe auf und läßt ſie vollends gar
kochen, doch ſo, daß ſie hübſch ganz und die Brühe
klar bleibt. Vor dem Anrichten wird gewiegte junge
Peterſilie daran gethan. Hat man nur kleine Kartoffeln, ſo
kann man ſolche auch gleich mit der Schale ſieden,
ſchälen, in Stücken ſchneiden und Pfeffer, Kümmel,
Fleiſchbrühe daran thun, wie oben angegeben. Hierzu
wird vorzugsweiſe Schöpſenfleiſch gegeſſen.

Man kann auch den Kümmel weglaſſen, und dafür geriebene,
in Butter geröſtete Semmel, einige klar gehackte Sardellen oder
Hering und etwas geſtoßene Muskatenblüthe dazu thun. Dazu
wird Rindfleiſch gegeben.

83. Kartoffeln, ſaure.

Man kocht kleine Kartoffeln in der Schale weich,
zieht die Schale ab, ſchneidet ſie in Scheiben und thut

Speck in einen Tiegel; wenn der Speck zerlassen ist, so gießt man kochendes Wasser zu, zwei Löffel voll Mehl werden in Essig fein gerührt und in den Tiegel gethan, etwas Salz und Pfeffer dazu; wenn die Brühe kocht, thut man die Kartoffeln dazu, läßt sie einigemal mit aufkochen und richtet sie dann an. Man kann auch Mehl und Zwiebel in dem Speck gelb rösten, dann Brühe oder Wasser hinzugießen, mit Pfeffer und Salz würzen, mit Zucker und Essig abschmecken und über die geschnittenen Kartoffeln gießen, dann noch einige Male aufkochen. Hierzu wird frische oder geräucherte Wurst gegeben.

84. Kartoffeln mit Majoran.

Man röste zwei Löffel Mehl und etwas Zwiebel in Butter braun, dann koche man dieses mit Wasser oder Brühe auf, nun würze es mit Salz und Pfeffer, und thue einen Löffel voll klar geriebenen Majoran daran. Während dem schält man rohe Kartoffeln, kocht sie in Wasser, und gießt dann solches ab; schüttet obige Majoranbrühe darüber und läßt sie noch etwas auf-kochen. Hierzu giebt man geräucherte Wurst.

85. Kartoffeln, fein.

Die gekochten kalten Kartoffeln werden gerieben, ein wenig Salz dazu gethan, Fett oder Butter in einem flachen Tiegel heiß gemacht, die Kartoffeln recht locker hineingethan und auf beiden Seiten braun geröstet.
Eine Lieblingsspeise der Kinder.

86. Kartoffeln zu Fisch (Salzkartoffeln.)

Rohe Kartoffeln werden geschält und gewaschen,

mit Salz und kochendem Wasser auf raschem Feuer weich gekocht, hierauf sofort abgegossen und bis zum Anrichten warm gestellt. Man speist sie mit Senfbutter zu Hecht, Seedorsch, Stockfisch, zu Karpfen blau ge= sotten; auch zu jedem Gemüse.

87. Kartoffeln, gebratene.

Man nimmt hierzu kleine Kartoffelchen, wäscht und kocht sie; nun werden sie geschält und unter öfterm Schwenken in Butter gebraten, welche man in der Pfanne vorher leicht braun gemacht hat, mit Salz und einer Prise Pfeffer vermischt. Man giebt sie recht heiß und frisch zu Beefsteaks, Coteletten und jeder Art Bra= ten; ebenso putzt man Kohl und Spinat damit an.

88. Kartoffeln mit Hering.

Die gekochten Kartoffeln werden kalt in Scheibchen geschnitten, gelinde in brauner Butter mit einem ausge= wässerten und ausgegräteten, fein geschnittenen Hering gebraten und mit Pfeffer und Petersilie gewürzt.

Ein einfaches Abendessen für genügsame Magen.

89. Kohlherzchen.

Die Kohlherzchen werden sauber gelesen, das harte ab= geschnitten und gewaschen, in kochendem Wasser und Salz zehn Minuten lang aufgekocht und abgegossen, und mit ein wenig fein geriebener Zwiebel in Butter weich gedünstet. Nun schwitzt man etwas Mehl in Butter gelb, kocht es mit Fleischbrühe auf und vereinigt es mit den gedünsteten Kohl= herzchen. Hierauf schmeckt man es mit Salz ab und giebt Rindfleisch oder gekochten Schinken dazu.

90. Kohlrabi.

Junger Kohlrabi wird sauber geschält, in Scheiben oder längliche Stückchen geschnitten, hierauf gewaschen, in einem Kasserol mit etwas Butter, Salz und Fleisch= brühe langsam weich gekocht, und die daran befindliche Brühe mit wenig geschwitztem Mehl verdickt, und ver= kocht, mit etwas geriebener Muskatennuß gewürzt und mit Rindfleisch oder Coteletten gegessen. Auch frisches Schweinefleisch schmeckt recht gut dazu.

Im Winter ist es rathsam, den Kohlrabi Abends zuvor zuzu= putzen, indem man den Kohlrabi schält, wäscht, in Scheibchen schneidet, mit Salz untermengt und über Nacht zugedeckt stehen läßt. Den andern Tag setzt man Wasser auf's Feuer, und sobald es kocht, wird der Kohlrabi hinzugethan und gleich zum Kochen gebracht. Auf diese Art ist er in einer halben Stunde weich und wird dann wie oben damit verfahren.

91. Meerrettig.

Der Meerrettig wird geschabt und gereinigt, dann auf einem Reibeisen gerieben und in guter Fleischbrühe, nebst einer Hand voll geriebener Semmel aufgekocht, mit Salz abgeschmeckt und so zu Rindfleisch oder Pökel= schweinsknöchelchen gegeben.

Ein Zusatz von etwas süßer Sahne und Zucker mäßigt die Strenge und giebt ihm einen angenehmen Geschmack.

92. Möhren.

Die Möhren werden geschabt und gewaschen. Hier= auf nach ihrer Größe und Stärke vier=, sechs= oder acht= theilig gespalten oder in Zoll lange Stückchen durch= geschnitten, dann in kochendem Wasser überwallen gelassen (ist das Gefäß klein, so werden die Möhren partien=

weise hineingethan, um das Aufkochen schneller zu be=
wirken.) Nun werden sie in ein Kasseroll mit frischer But=
ter oder Fett gethan und unter öftern Umschwenken, indem
man immer etwas Fleischbrühe zugießt, weich gedünstet.
Hierauf wird ein Löffel Mehl mit etwas geriebener
Semmel zusammen in Butter geschwitzt, mit der Brühe
von den Möhren und wenn diese nicht ausreichen sollte,
mit noch etwas Fleischbrühe aufgefüllt und verkocht, und
dann mit den Möhren vermischt, indem man auch
etwas feingeschnittene Petersilie hinzuthun kann. Sind
die Möhren alt (im Winter), so ist ein Zusatz von etwas
Zucker sehr gut.   Auch geriebene, in Butter geröstete
Semmel zum Ueberstreuen ist Vielen erwünscht. Man
giebt die Möhren mit Rindfleisch oder Coteletten.

93. Morcheln, frische.

Alles Sandige wird davon abgeschnitten, dann
werden sie rein gelesen und viele Male in kaltem Wasser
gewaschen, damit kein Sand darinnen bleibt.   Dann
setzt man sie mit viel kaltem Wasser auf's Feuer und
wenn sie darin heiß geworden sind, rührt man sie
darin herum und gießt sie auf einen Durchschlag ab,
den man in kaltes Wasser hält, um sie noch einmal
durchzugreifen, und zu waschen. Hierauf läßt man sie
gehörig abtropfen, thut sie in ein Kasseroll mit Butter,
Salz, eine Prise Pfeffer und etwas Fleischbrühe und
kocht sie darinnen weich. Man muß aber öfters nach=
sehen, daß sie nicht anbrennen und Fleischbrühe nach=
gießen, sobald es nöthig ist.   Dann vereinigt man sie
mit etwas in Butter geschwitztem Mehl und fein ge=
schnittener Petersilie, läßt sie damit verkochen und schmeckt

fie mit Salz ab. Hierzu giebt man gedämpfte Tauben oder gekochten Schinken.

94. Morcheln, getrocknete.

Diefe werden wo möglich Tags vorher in kaltem Waffer eingeweicht, alsdann geputzt, forgfam ausgewaschen und überhaupt ganz auf diefelbe Weife wie mit den frifchen Morcheln verfahren.

95. Paftinakwurzeln.

Sie werden gefchabt, in Scheibchen gefchnitten, in Fleifchbrühe weich gekocht, Ingwer und Pfeffer dazu und mit gebranntem Mehl angemacht. Man rühre fie nicht viel um, fondern fchwenke fie nur. Rindfleifch paßt hierzu am beften.

96. Peterfilie.

Die Peterfilie, wenn fie noch jung ift, wird meh= rere Male in kaltem Waffer rein gewafchen und mit einem Wiegemeffer klar gewiegt. Ift es aber alte Peterfilie, fo pflückt man die Blätter von den Stielen, wäfcht fie rein und überbrüht fie mit kochendem Waffer, läßt fie einige Mal überwallen, gießt das Waffer ab und wiegt fie gleichfalls klar. Nun wird die gewiegte Peterfilie in einen Topf gethan, kochende Fleifchbrühe darauf gegoffen, mit geriebener Semmel verdickt und mit Muskatennuß gewürzt. Hierzu genießt man Rind= fleifch oder Tauben. Auch kann man nach Belieben abgekochten Spargel und kleine Semmelklößchen in die fertige Peterfilie thun.

97. Rothkraut, gedünstet.

Man schneide es fein, salzt es ein und läßt es eine halbe Stunde stehen. Nun pocht man es leicht durch, schmort es in feinwürflichem, gebratenem Speck und seinem eigenen Safte ein und thut, wenn es weich ist, hinreichend Essig und Zucker, nebst Pfeffer und Ingwer daran. Geschälte, in Stückchen geschnittene Borsdorfer Aepfel daran gethan, verschönert dies Gericht ungemein, nur hat man darauf zu sehen, daß die Aepfel nicht zerfahren. Man giebt hierzu Ente, Rebhuhn oder Karpfen.

98. Rüben, weiße und gelbe.

Sie werden geschält, gewaschen, in Scheibchen geschnitten und mit kochendem Wasser, etwas Salz und rein gelesenem Kümmel weich gekocht. Man nimmt Fett, röstet Mehl gelbbraun, verkocht es mit Fleischbrühe und gießt es zu den Rüben, welche vorher abgegossen sein müssen. Schöpsenfleisch paßt hierzu am besten.

99. Rübsen.

Der Rübsen wird rein gelesen und rein gewaschen, damit kein Sand darin bleibt, dann klein gewiegt und der Saft recht gut ausgedrückt und weggeschüttet, nun eine halbe Stunde bei gelindem Feuer in Butter geschmort. Hierauf nehme man Fleischbrühe und etwas Essig, einen Löffel Mehl, auch etwas Zucker, rührt es zusammen und schüttet es zu den Rübsen, dann läßt man das Gericht noch am Feuer anziehen. Man kann auch statt Butter Speck nehmen. Harte Eier passen hierzu am besten.

100. Saubohnen.

Von dieſen werden nur die Körner gebraucht. Jung
ſind ſie zart und wohlſchmeckend. Hat der Kern ſchon
eine dickhülſige Schale, ſo daß man ſie brühen und
abhäuten muß, ſo geht hierdurch nicht allein der Geſchmack, ſondern auch das Meiſte der Bohnen verloren.
Sind ſie noch jung, ſo dünſtet man ſie in Butter; ſind
ſie aber älter, ſo kocht man ſie in Salzwaſſer gar,
nimmt dann Butter, ſchmort darinnen Mehl gelblich,
gießt Fleiſchbrühe dazu, thut Peterſilie, Pfeffer und ein
wenig Zucker hinein und läßt es gut verkochen. Hierauf gießt man das Salzwaſſer von den Bohnen ab,
ſchüttet die Sauce durch einen Durchſchlag darüber und
läßt es anziehen. Hierzu giebt man Schöpſenfleiſch,
Rindfleiſch oder Coteletten.

101. Sauerampfer.

Die Blätter werden ſorgſam geleſen und gewaſchen,
in Salzwaſſer weich gekocht; dann wird er fein gewiegt
und ganz gleich wie Spinat Nr. 107 zubereitet.
Hierzu kann man Schinken, Wurſt oder Eier geben.

102. Sauerkraut.

Das Sauerkraut wird mit kochendem Waſſer zuge-
ſetzt und weich gekocht. Es iſt rathſam, das Sauerkraut vorher zu koſten; hat es zu wenig Säure, ſo
koche man es mit etwas Salz weich. Man nimmt nun
Fett, läßt es in einem Tiegel zergehen, rührt ein bis
zwei Eßlöffel Mehl darein und läßt es ſchwitzen, nun
gießt man Fleiſchbrühe dazu und läßt es aufkochen.
Hierauf gießt man das Waſſer vom Sauerkraut ab,

fchüttet die Brühe daran, rührt es um und fchmeckt es mit Effig und Zucker ab, je nachdem das Sauerkraut befchaffen ift. Man giebt es mit Pökelfchweinfleifch, Bratwurft und frifcher Wurft.

103. Sauerkraut mit Aepfeln oder Kartoffeln.

Das Sauerkraut hierzu wird ebenfo wie oben zu= bereitet, jedoch mit Wein, ftatt Effig abgefchmeckt, und mit gefchälten Aepfeln und rohen Kartoffeln verkocht. Beim Anrichten kann man das Sauerkraut mit kleinen in Butter gefchmorten Kartoffeln belegen.

104. Schotengemüfe.

Etwa zwei Kannen junge Schotenkerne werden in Butter und Fleifchbrühe gedünftet. Nun werden vier Loth Butter und ein Löffel Mehl kalt durch einander gerührt, die Brühe von den Schotenkernen hinzuge= goffen und zufammen verkocht, ift es zu dick, fo gieße noch etwas Fleifchbrühe hinzu; hierauf wird die Sauce mit Salz und Muskate, auch etwas Pfeffer abgefchmeckt und über die Schotenkerne gegoffen.

Die ältern Schotenkerne, welche fchon etwas dick= hülfig find, fetze man zuvor mit fiedendem Waffer und etwas Zucker zu und koche fie weich. Hierzu paffen alle Arten Geflügel, Coteletten und Stockfifch.

Sind die Schotenkerne theuer, fo kann man auch durch Hinzufügen von gedünfteten Möhren und Kohl= rabi, auch Bohnen oder Spargel und etwas gefchnittene Peterfilie, ein fehr fchmackhaftes Gemüfe bereiten.

105. Schwarzwurzeln.

Man vermenge warmes Flußwaffer mit Effig und

etwas Mehl und lasse es stehen. Nun schabt man die
Wurzeln der Länge nach sorgsam ab und legt sie in
das oben bemerkte, zusammengesetzte Wasser, damit sie
weiß bleiben. Dann schneidet man Zoll lange Stückchen daraus, wäscht solche gut ab und setzt sie mit
kochender Fleischbrühe auf's Feuer, damit sie weich kochen;
nun röstet man Semmel in Butter, reibt etwas Muskate dazu und läßt es dann mit den Wurzeln gut einkochen. Kocht man die Schwarzwurzel, nachdem sie wie
oben vorgerichtet ist, in Salzwasser weich und bereitet
sie mit einer Eiersauce, so sind sie Spargel täuschend
ähnlich. Man ißt sie gewöhnlich ohne Fleisch; jedoch
sind gebackene Hühner dazu ein vortreffliches Gericht.

106. Spargel.

Möglichst frischer Spargel wird von den Köpfchen
nach unten zu dünn abgeschält und in eine Schüssel
kaltes Wasser gelegt. Hierauf wird er in kleine Bündchen gebunden und in kochendem Salzwasser nicht in
zu großer Hitze weich gesotten, damit die Köpfchen nicht
abfallen. Nun macht man eine Sauce wie folgt dazu:
Ein Löffel Mehl, ein Ei und vier Loth Butter vermischt man mit ¼ Kanne voll Spargelwasser, quirlt
solches tüchtig durch, bringt es an das Feuer, bis es
anfängt dick zu werden und schmeckt nun diese Sauce
mit Salz ab. Ist dies geschehen, so gieße man den
Spargel rein ab, löse die Bündchen auf und schütte die
Sauce darüber. Hierzu wird roher Schinken oder Coteletten gegeben.

107. Spinat.

Man putzt den Spinat rein und wäscht ihn meh-

rere Male aus, damit kein Sand darin bleibt; kocht
ihn in Salzwaffer ab, damit er schön grün bleibt, wiegt
ihn nachdem ganz fein, röstet Mehl und einige kleine
Zwiebeln in Butter gelb, thut den Spinat hinein und
läßt ihn ¼ Stunde langsam schwitzen, gießt dann
Fleischbrühe hinzu und etwas Muskatenblüthe, und läßt
es durchkochen. Man kann auch statt Fleischbrühe Milch
nehmen, läßt dann aber die Zwiebeln weg.

Beim Anrichten legt man den Spinat mit hart
gekochten Eiern in Viertel geschnitten, oder man kann
auch in Butter geröstete Semmelstückchen hineinstecken.

Hierzu paßt gekochter Schinken, Frankfurter Würstchen, Hamburger Rauchfleisch oder Rindfleisch.

108. Steinpilze.

Man bricht den Stiel ab, beseitigt die obere Haut
und den untern Wulst des Hutes und die dünne Schale
des Stieles, schneidet beides in Scheibchen, wäscht sie
rein ab und schwitzt sie mit Butter und Citronensaft
ein. (Wer diese Pilze nicht genau kennt, füge zur Vor-
ficht eine geschälte Zwiebel mit hinzu; bleibt die Zwiebel weiß, so sind die Pilze gut, wird sie hingegen
schwarz, so sind giftige darunter und das Gericht ist
als gefährlich wegzuwerfen.) Nun bestäube sie mit
etwas Mehl, durchdämpfe sie mit etwas Fleischbrühe,
geriebener Semmel und gewiegter Peterfilie, so daß es
eine schwachschäumige Sauce wird. Hierzu giebt man
Rindfleisch, Kalbfleisch oder Geflügel.

109. Teltower Rübchen.

Die Rübchen werden geschabt und gewaschen, und
mit Butter, etwas Salz und Fleischbrühe weich und

4*

kurz eingekocht; denn es darf, wenn sie weich sind, fast
keine Brühe mehr darauf sein. Alsdann zerläßt man
etwas Butter und schwitzt darin einen Löffel Mehl,
thut gute Sahne hinzu und läßt es verkochen, dann
vereinigt man die Rübchen damit und schmeckt es mit
Salz und etwas Pfeffer ab.

Will man die Rübchen aber braun haben, so
kocht man sie ebenfalls weich und läßt in einem Kasse=
roll etwas Zucker mit Butter auf dem Feuer dunkel=
braun werden, thut die weichgekochten Rübchen sammt
der wenigen Brühe hinein und läßt sie so lange schmo=
ren, bis sie braun werden, alsdann vereinigt man sie
mit etwas geröstetem Mehl und läßt sie kurze Zeit
damit verkochen, dann schmeckt man sie mit Salz und
etwas Pfeffer ab.

Man giebt sie zu Schöpskeule, gedämpfter Ente,
Coteletten, auch Bratwurst.

110. Weißkraut, gedünstet.

Man schneidet zwei weiße Krautköpfe und einen
rothen fein, und klopft es etwas durch. Nun brate
man feinwürflig geschnittenen Speck gelb, thue das Kraut
hinein, nebst Salz, Pfeffer, Essig und etwas Zucker und
lasse es halb weich dünsten; ist dies geschehen, so thue
man einen Teller voll blaue Weinbeeren oder frische
Pflaumen hinzu und lasse es vollends weich dünsten.
Hierzu paßt Entenbraten oder Karpfen.

111. Weißkraut mit Kümmel.

Die abgeputzten Krautköpfe werden in vier Theile
geschnitten und gewaschen, mit Salz und kochendem
Wasser halb weich gekocht, dann auf einen Durchschlag

gelegt, damit das Wasser davon rein ablaufen kann.
Nun wird es mit Salz, Pfeffer, rein gelesenem
Kümmel und Schöpsfleischbrühe vollends weich gekocht,
alsdann mit gelb geröstetem Mehl vereinigt, damit die
Brühe seimig wird, mit Salz abgeschmeckt und mit
Schöpsenfleisch gegessen.

112. Welschkohl.

Der Welschkohl wird von den äußeren harten Blät=
tern befreit, in vier Theile geschnitten und gewaschen.
Man setze nun Wasser mit etwas Salz auf's Feuer,
sobald das Wasser kocht, thut man etwas Welschkohl
hinein, läßt das Wasser wieder kochen und fährt damit
fort, bis der Welschkohl sämmtlich hineingethan ist; auf
diese Art kann man alle grünen Gemüse behandeln, sie
werden dadurch schnell weich und behalten mehr von
ihrer natürlichen Farbe. Ist er ziemlich weich, so schüttet
man ihn auf einen Durchschlag und läßt das Wasser
rein ablaufen, thut ihn in ein Kasserol nebst Butter,
fetter Fleischbrühe, etwas Salz und fein geschnittener
Zwiebel und läßt ihn darin weich dünsten. Alsdann
vereinigt man ihn mit etwas in Butter gelb geröstetem
Mehl, damit die Brühe seimig wird und läßt ihn meh=
rere Male durchkochen (nur darf er nicht gerührt, son=
dern nur sorgsam gehoben werden, daß die Stückchen
ganz bleiben), schmeckt ihn mit Salz ab und legt die
Stückchen behutsam in eine tiefe Schüssel. Hierzu giebt
man Schöpsenfleisch, Schinken oder Rauchfleisch.

113. Zuckerschoten.

Sie werden mit der Schale genossen. Von der
Schote wird die Spitze abgeschnitten, die Fäden auf

beiden Seiten abgezogen und in zwei bis drei Theile
geschnitten und mit wenig kochendem Wasser weich gekocht. Dann macht man eine Sauce von Butter, etwas
Mehl, geschnittene Petersilie, rührt dies kalt durch einander, gießt das eingekochte Schotenwasser darauf und
was noch fehlt an Fleischbrühe hinzu, rührt es auf
dem Feuer ab und schüttet es zu den abgekochten Schoten; nun schmeckt man es mit Salz, Zucker und Muskate ab. Hierzu kann man Rindfleisch, alle Arten Geflügel oder Coteletten geben.

114. Zwiebeln.

Die Zwiebeln werden würflig geschnitten, in viel
Wasser fünf Minuten abgekocht, hierauf das Wasser
abgegossen und in guter Schöpfenbrühe mit Kümmel
weich gekocht. Nun brennt man Mehl in Butter oder
Fett braun, thut es zu den Zwiebeln, schmeckt sie mit
Salz und Pfeffer ab und läßt sie aufkochen. Statt
gebranntes Mehl kann man auch geriebene Semmel
nehmen.

Hierzu giebt man Schöpfenfleisch.

Rindfleisch.

Nr. 1. Englischer Braten, Rinderbraten, Roastbeef auch Wulste genannt. (1 Rippe.) Nr. 2. Schwanzstück, Mittelstück und Blumenstück, oder Vorder-, Mittel- und Schwanzziemen. Nr. 3. Der Unterziemen. Nr. 4. Das Untere vom Blumenstück, auch Maus genannt. Nr. 5. Vorder-Rippe oder dünne Rippe. (4 Rippen.) Nr. 6. Mittel- oder dicke Rippe. (3 Rippen) Nr. 7. Kamm-Rippe, auch Spann-Rippe genannt. (4 Rippen.) Nr. 8. Brustspitze oder Brustkern. Nr. 9. Die Nachbrust. Nr. 10. Dicker Flanken, oder Bauch. Nr. 11. Dünner Flanken, oder Bauch. Nr. 12. Das Blatt, auch Bug genannt. Nr. 13. Der Hals. Nr. 14. Der Kopf.

Alles Fleisch, vorzüglich aber das Rindfleisch, wird viel zarter, wenn es noch sorgsam mit einer Holzkeule geklopft wird; man koche es recht langsam, vielleicht 3—4 Stunden, je nach der Größe der Fleischstücke, um eine schöne, klare Bouillon zu erhalten. Noch besonders ist anzurathen, das Rindfleisch, wie überhaupt jedes Stück Fleisch erst dann zum Kochen oder Braten zu benutzen, nach- dem es wenigstens einen Tag nach dem Schlachten des Thieres in der Luft gehangen hat; im Winter kann es auch länger hängen.

Die Güte des Rindfleisches erkennt man an seiner frischen, gesunden Fleischröthe; es muß auch derb und fest und mit weiß- lichem Fett überall durchwachsen sein.

115. Rindfleisch zu kochen.

Das Rindfleisch wird sorgfältig abgewaschen (nicht gewässert), in einen irdenen Topf gethan, mit kaltem Wasser auf's Feuer gestellt und langsam zum Kochen gebracht, dann mit einem Schaumlöffel abgeschäumt; nun thut man Salz, eine gute Zwiebel, einige Stück- chen Wurzeln und Möhren, ein Lorbeerblatt, etwa vier Neuwürz- und vier Pfefferkörner hinein, deckt es zu und läßt es noch 3 bis 4 Stunden langsam weich kochen; jedoch muß ich wiederholt darauf aufmerksam machen, daß man Rücksicht nehmen muß, ob man ganz fri- sches oder altschlachtenes Fleisch hat, da sich das Fleisch von frisch geschlachteten Thieren stets zähe kochen wird, während altschlachtenes schön mürbe wird. Sollte es zu viel eingekocht sein, so muß man kochendes Wasser zugießen, damit das Fleisch immer mit der Brühe be- deckt ist. Ist das Fleisch weich, so läßt man es in der Brühe bis zum Anrichten stehen. Will man das Rind- fleisch recht schmackhaft und saftig haben, so muß es mit kochendem Wasser angesetzt und rasch gekocht wer- den; alsdann muß man aber auf eine gute und klare Brühe verzichten.

Gekochtes Rindfleisch kann man mit allen Gemüsen, verschiedenen Grützwaaren und Saucen verspeisen, und sehe man deshalb unter Gemüsen, Grützwaaren und Saucen wegen der Zubereitung nach.

116. Rindfleisch mit Rosinen.

Man kocht ein hübsches Stück Rindfleisch weich, röstet unterdessen Mehl in Butter braun, kocht sorg- fältig gewaschene große und kleine Rosinen (von jeden die Hälfte), je nachdem man das Gericht fein haben will, in Weißwein, Fleischbrühe oder Wasser weich und thut einige Citronenschalen dazu. Das geröstete Mehl wird nun mit Fleischbrühe aufgekocht, die fertig ge- kochten Rosinen hinzugethan und so eingerichtet, daß es eine dicke Sauce wird, welche man mit sehr wenig Essig und Salz abschmeckt. Hierauf legt man das gekochte Fleisch in die Mitte der Sauce und läßt es bis zum Anrichten noch durchziehen. Süße, geschnittene Man- deln beim Anrichten darüber gestreut, sind eine ganz passende Zugabe, nach welcher besonders die Kinder- mäulchen leckern.

117. Gedämpftes Rindfleisch.

Hierzu nimmt man ein hübsches Stück Oberschale, oder Schwanzziemen, klopft es und legt es in ein seiner Größe passendes Kasserol, so daß nur ein wenig Raum bleibt. Den Boden des Kasserolls belegt man mit dünnen Scheiben Speck, fein geschnittenem Wurzelwerk und Zwiebeln, zwei Lorbeerblättern, einigen Nelken, Pfeffer und Neuwürzkörnern. Dann legt man das Fleisch darauf, bedeckt es oben wieder mit Speck, salzt es gehörig, und gießt ein Viertel des Kasserolls voll Wasser, legt einen gut passenden Deckel darauf, und läßt es bei recht langsamen Feuer 3—4 Stunden dünsten; während dieser Zeit drehe man das Fleisch um, damit die beste Seite nach oben kommt. Ist das Fleisch weich, so legt man es auf eine Schüssel, nimmt alles Fett

von der Brühe, schlägt sie durch ein Brühsieb und thut
einige Löffel schön braun geröstetes Mehl, ein Glas
Wein und eingemachte Perlzwiebeln daran. Hierauf
legt man das Fleisch wieder hinein, deckt es zu und
läßt es bis zum Anrichten heiß stehen, aber ja nicht kochen.

Geschmorte Kartoffeln oder gebackene Kartoffelklöß=
chen passen sehr gut hierzu.

118. Gekochtes Rindfleisch schmackhaft zu geben.

Uebriggebliebenes Rindfleisch schneidet man in Schei=
ben, thut Salz und Pfeffer darauf, wendet sie in Ei
und geriebener Semmel um und bratet sie nun in
Butter auf beiden Seiten braun. Das auf diese Art
zubereitete Fleisch schmeckt sehr gut zu Gemüsen.

(Auf andere Art.) Ein Stückchen Zucker ver=
kocht man mit Wein, bis es zusammen kastanienbraun
wird, dann thut man das in Scheiben geschnittene
Fleisch in den gebräunten Zucker, läßt es auf beiden
Seiten schön braun werden, legt nun das gebräunte
Fleisch auf eine gewärmte Schüssel, thut in das Kasse=
roll ein wenig kochende Brühe und etwas in Butter
braun geröstetes Mehl, nebst Citronenschale und läßt
es zu einer seimigen Sauce kochen. Schmeckt sie dann
mit Essig und Salz ab und gießt sie über das gebräunte
Fleisch.

119. Gekochtes Rindfleisch mit Crème überzogen.

Man lege das Fleisch, je nachdem das Stück groß
ist, in ein Kasseroll oder Tiegel, gieße etwas Braten=
sauce oder Bouillon dazu, damit es weder verbrennen,
noch anhängen kann, dann überstreiche man es mit
einer dicken Crème wie folgt: 3 Loth Mehl, eine Ober=

tasse voll süße Sahne, ein Loth Butter und zwei ganze
Eier, etwas Salz, Pfeffer und Muskatnuß werden auf
dem Feuer abgerührt, daß es ganz dick wird. Mit
dieser dicken Sauce wird das Fleisch fingerdick überzogen,
mit geriebenem Parmesan= oder Schweizerkäse und ge=
riebener Semmel überstreut, alsdann mit zerlassener
Butter überträufelt und in die heiße Röhre auf einen
Dreifuß gestellt, bis es gelblich gebacken ist. Man kann
es zu Kartoffelgemüse, oder mit jeder beliebigen braunen
Sauce geben.

120. Klops von Rindfleisch.

Man nimmt hierzu mageres Rindfleisch, klopft es
tüchtig durch, und befreit es von allen Sehnen und
Häutchen, zerschneidet es in kleine Stückchen, nimmt ein
Drittheil so viel als es Fleisch ist Rindsnierenfett, nebst
etwas in Wasser eingeweichte und wieder ausgedrückte
Semmel, etwas Salz und Pfeffer dazu, und schneidet
Alles mit einem Wiegemesser recht fein; dann nimmt
man ein paar ganze Eier dazu und macht von diesem
Fleischteige fingerdicke, runde Klops und wendet sie in
Mehl um. Hierauf nimmt man eine Pfanne, thut fein
geschnittene Petersilie, Zwiebel und Citronenschale hin=
ein, läßt dieß in Butter schwitzen und darin die Klops
auf beiden Seiten anbraten. Dann nimmt man ein
Glas Wein und drei bis vier Anrichtelöffel gute Fleisch=
brühe, fein gewiegte, ausgegrätete Sardellen und etwas
braun geröstetes Mehl dazu, macht dieß zu einer Sauce,
schüttet es zu den Klops und läßt sie noch einige
Minuten dünsten, damit sie gar werden. Man giebt
hierzu gebratene Kartoffeln oder Salzkartoffeln.

121. Klops gemischt, (Hackbraten).

Man nimmt 2 Pfund derbes Rindfleisch, ½ Pfd. fettes Schweinfleisch und 2 Pfd. Kalbfleisch aus der Keule, klopft das Rindfleisch tüchtig durch und hackt alle 3 Sorten mit einem großen Küchenmesser ganz fein und sondert sorgfältig alles Häutige davon. Dann mengt man es mit Salz, Pfeffer, in Wasser eingeweichter und wieder ausgedrückter Semmel und 4 Eiern recht durch einander und formirt einen schmalen, länglichen Braten daraus. (Ist die Masse zum Zusammenhalten zu feucht, so mische man etwas geriebene Semmel dazu.) Dann läßt man in einer Pfanne 8 Loth Butter leicht braun werden, und legt den Braten auf einer passenden, flachen Bratenleiter behutsam hinein. Nun läßt man ihn zugedeckt, rasch braten, begießt ihn von Zeit zu Zeit, wendet ihn nach einer halben Stunde vorsichtig um, bestreut ihn mit geriebener Semmel, und läßt ihn eben so lange Zeit noch braten. Man sorge nur, daß die Brühe recht schön braun wird, und beträufle den Braten öfters damit. Sollte die Brühe während des Bratens zu kurz werden, so gießt man etwas kochendes Wasser oder Fleischbrühe zu.

122. Englischer Rinderbraten. (Roastbeef.)

Gewürze, wie sie auch heißen mögen, lasse man von diesem Braten, wie überhaupt von jedem andern Braten, ganz weg und brate dieselben nur mit Speck, frischer Butter, Salz und Wasser, weil durch die verschiedenen Gewürze der Braten einen Beigeschmack annimmt und sein einladendes, natürliches Aroma verloren geht. Mancher wird hier, z. B. besonders beim Schöpsenbraten, einwenden und sagen, es gehört doch wenigstens etwas Zwiebel dazu, aber es ist dies durchaus nicht gut und verwöhnt den Geschmack; denn man wird bald finden, daß der eigentliche, schöne Geschmack eines jeden ungewürzten Bratens deutlicher und bezeichnender hervortritt, sobald man solchen mit Compot oder Salat genießt. Gedämpfte Braten hingegen zeichnet man von diesem reinen Braten durch Zuthat von verschiedenen Gewürzen aus.

Es ist das Stück vom Rind, was der Nierenbraten beim Kalbe ist; man kann ihn so groß und schwer ab= schneiden lassen, als man ihn braucht, er muß sehr fett und jung, auch mehrere Tage schon geschlachtet sein. Man putzt die dicksten Stellen Nierenfett ab und legt solches mit dem Fleische, welches man rechts und links mit Salz eingerieben hat, auf einer flachen Bratenleiter in die Pfanne, gießt dann ½ Nößel kochendes Wasser hinzu und läßt ihn, zugedeckt, in der Bratröhre recht langsam unter öfterem Begießen mit der eigenen Brühe 3—4 Stunden braten. Ist er fertig, so legt man ihn auf den Bratenteller und stellt ihn warm. Unterdessen gießt man die Sauce aus der Pfanne, nimmt davon das Fett ab, und um noch etwas mehr zu gewinnen, setzt man die leere Pfanne nochmals in die Bratröhre und sobald der Boden der Pfanne braun angelaufen ist, gießt man ein wenig kochendes Wasser hinein, läßt solches durch vorsichtiges Bewegen der Pfanne rings herumlaufen und gießt es zu der ersten Sauce. Hierauf macht man die Sauce kochend und quirlt sie, je nach= dem man sie seimig haben will, mit 1 oder 2 Thee- löffel voll Kartoffelmehl ab.

123. Lendenbraten.

Diese Art der Zubereitung unterscheidet sich von der vorher beschriebenen dadurch, daß man die Lende fein spickt, nur 1½ Stunde bratet und in der letzten halben Stunde die Sauce in der Pfanne ganz kurz werden läßt, dann mit einer Kanne recht dicker und saurer Sahne auffüllt, und diese während des Bratens und häufigen Begießens der Lende zu einem dunkel= gelben oder braunen Syrup einkochen läßt, mit welchem man fortwährend die Lende so begießt, daß sie wie lackirt aussehen muß, ohne auch nur im geringsten hart oder gar verbrannt zu sein.

124. Beefsteaks.

Man nimmt ein Stück Lende, putzt und häutet es sorgfältig ab, schneidet dann fingerdicke Scheiben, klopft diese mit der Fläche eines Hackemessers etwas, und be= seitigt zugleich die etwa noch daran haftenden lappigen oder sehnigen Theile, bestreut die Scheiben mit Salz und etwas Pfeffer und läßt sie mindestens eine halbe Stunde liegen, damit das Salz sich dem Fleische recht mittheilt. Alsdann läßt man Butter in einem flachen Tiegel recht heiß werden, thut eine Messerspitze voll fein gewiegte Zwiebel hinzu und bratet die Beefsteaks auf flüchtigem Feuer recht rasch auf beiden Seiten braun, wobei man aber ja alles Anstechen mit der Gabel ver= meiden muß, damit der köstliche Fleischsaft nicht heraus läuft und somit das Beefsteak selbst an Werth verliert; daher gebrauche man beim Umwenden den Löffel.

125. Beefsteaks auf gewöhnliche Art.

Das beste Stück dazu ist Lappen, welches ebenfalls altschlachten sein muß. Man schlägt es tüchtig auf bei= den Seiten mit einem Hackklopfer, bestreut es mit Salz und Pfeffer und hackt es mit einem Küchenmesser voll= ends fein, wobei man die etwa darin befindlichen Sehnen herausschabt, formt fingerdicke, beliebig runde

Scheiben und bratet sie nun in gelbbrauner Butter, worin man eine geriebene Zwiebel gethan hat, auf beiden Seiten über hellem Feuer braun, jedoch ohne die Beefsteaks anzustechen, damit der Saft nicht heraus läuft; wer sie gern noch halb roh genießt, darf sie höchstens in 3—4 Minuten rasch abbraten.

Um mehr Sauce zu gewinnen, legt man die ge= bratenen Beefsteaks in die Anrichteschüssel und röstet einen knappen halben Eßlöffel voll Mehl hochgelb in der Sauce, gießt etwas kochende Fleischbrühe hinzu, und läßt es etwas ankochen.

Man kann diese Art Beefsteaks schon Tags vorher zurichten und aufheben, indem man sie in laue, zerlassene Butter taucht und, über einander gelegt, zugedeckt bis zum Gebrauch stehen läßt. Auf diese Weise sind sie noch schmackhafter.

126. Beefsteaks, russisch.

Ein Pfund Fleisch dazu, entweder von Lende oder Lappen wird wie in vorstehenden Recepten bis zum Braten zugerichtet und in vier Portionen getheilt. Dann streicht man ein Kasserol fett mit Butter aus, legt einen Teller voll roh geschälte, in Stückchen ge= schnittene Kartoffeln hinein, bestreut dies mit Pfeffer und Salz und thut vier geschälte, in Stückchen ge= schnittene Zwiebeln hinzu; nun werden die vier rohen Beefsteaks neben einander darauf gelegt, dann wieder Kartoffeln, Salz, Pfeffer und Zwiebeln, nebst acht Loth Butter in kleine Stückchen vertheilt darauf, nun zuge= deckt und eine Stunde in der Röhre dämpfen lassen. Während der Zeit rüttelt man das Kasserol mehrmals ohne aufzudecken, damit nichts anbrennt.

(Ein einfaches, sehr kräftiges Essen.)

127. Rumpsteaks.

Man bereite dies aus einem Rippen= oder Nieren=
stück, was beim Kalbe die Coteletten sind, befreie es
von Knochen, Haut und Sehnen, und schneide es in
fingerdicke Scheiben, die man mit der flachen Seite
eines Hackemessers ganz leise glatt schlägt, mit Salz
und wenig Pfeffer bestreut und nun ganz so, wie bei
den Lenden=Beefsteacks verfährt. Stets muß roher,
geschabter Meerrettig dazu gegeben werden.

128. Sauerbraten.

Dazu nimmt man ein schönes, derbes Stück Rind=
fleisch, klopft es auf allen Seiten vorsichtig durch, wäscht
es ab und spickt es mit Speck. Dann nimmt man
einen passenden irdenen Topf und legt das Fleisch so
hinein, daß der Knochen davon unten hin kommt, damit
das Fleisch nicht so fest aufliegt, thut Salz, Pfeffer,
Zwiebeln, Neuewürze, Lorbeerblatt, Citronenschale, Cha=
lotten und eine Zehe Knoblauch hinzu, gießt halb Essig
und halb Bier so viel dazu, daß das Fleisch vollkom=
men damit bedeckt ist, stellt es auf's Feuer und läßt
es nochmals aufwallen, bis sich eine fette Decke bildet;
nun läßt man es verkühlen und setzt es in den Keller.
So zubereitet kann man es im Sommer 8—14 Tage
erhalten.

Soll das Fleisch nun gebraten werden, so legt
man in die Bratpfanne eine flache Leiter, thut das
Fleisch sammt Brühe und Gewürz hinein, nebst etwas
Butter, gießt Wasser hinzu und läßt es eine Stunde
zugedeckt braten. Ist dies geschehen, so nimmt man
den Braten heraus und legt ihn auf eine Bratenschüssel,
damit man die Bratenbrühe aus der Pfanne bequem

durch ein Sieb gießen kann. Nun wird der Braten
wieder in die Pfanne gelegt, die durchgeschlagene Brühe
darüber gegossen und vollends unbedeckt weich gebraten.
Kurz vor dem Anrichten läßt man etwas in Weißwein
gequirltes Mehl in die Sauce laufen und verkochen,
damit sie seimig wird.

129. Rindskalbaunen oder Flecke zu kochen.

Eine große Reinlichkeit ist dabei zu empfehlen. Nach
dem Abreiben mit Salz und Essig, dem mehrmaligen
Waschen mit frischem Wasser, dem fünf Minuten langen
Abbrühen mit heißem Wasser und nochmaligem Abwa=
schen und Abspülen, kocht man sie mit Wasser, Salz,
Zwiebeln und Wurzeln in 8 bis 10 Stunden weich;
ist das Wasser eingekocht, so muß man immer wieder
kochendes zugießen. Nun läßt man sie bis zum nächsten
Mittag in derselben Brühe stehen, dann wird das Fett
abgenommen, die Kalbaunen in Stückchen geschnitten,
und folgende Brühe dazu gemacht: Man nehme brau=
nes Mehl, gute Fleischbrühe, Weinessig, in Butter ge=
bratene Zwiebeln, Pfeffer, Salz und Neuewürze und
lasse dieses aufkochen. Nun thut man die geschnittenen
Kalbaunen dazu und läßt Alles noch einige Male
überwallen.

Die größeren Stücke Kalbaunen kann man in Eier
und Semmel wenden, in Butter braten und zu einem
Gemüse, Grünkohl, weiße Rüben u. dergl. essen. Dieses
Gericht ist freilich Geschmacksache.

130. Kuheuter.

Das Kuheuter muß man gut auswässern, dann
mit kochendem Wasser übergießen, fünf Minuten stehen

laſſen, dann abgießen und nochmals waſchen. Dann ſetzt man es mit Waſſer, Eſſig und Salz auf's Feuer. ſchäumt es, wenn es am Kochen iſt, ab, thut nun Wurzelwerk, Zwiebeln, Lorbeerblätter, Pfefferkörner, Neuewürzkörner hinzu und läßt es damit recht weich kochen. Nach dem Erkalten ſchneidet man es in Scheiben, würzt dieſe mit Salz und Pfeffer, wendet ſie in Eiern und Semmel und bratet ſie raſch in brauner Butter.

131. Rindszunge mit Kapern und kleinen Roſinen.

Man kocht die Zunge in Salzwaſſer ſo lange, bis die Haut bequem abgezogen werden kann. Mit dem Abziehen der Haut muß auch zugleich der Schlund und die unter demſelben befindlichen unſaubern Theile beſeitigt und hierauf die Zunge mit Zuſatz einer guten Brühe vollends weich gekocht werden. Während dieſer Zeit läßt man ein halbes Stückchen Butter gelbbraun werden, dünſtet darin einen Löffel Mehl und ſo viel geriebene Semmel, als die Butter annimmt, braun; nun gießt man Brühe von der Zunge dazu, thut gewaſchene kleine Roſinen, Kapern, den Saft einer Citrone und davon etwas Schale hinein und läßt es zu einer ſeimigen Sauce verkochen. Nun ſchmeckt man ſie ab und verſpärt ſie nöthigenfalls noch mit Weineſſig. Die Zunge trägt man mit Peterſilie belegt auf und giebt die Sauce apart dazu.

132. Rindszunge, grillirt.

Die Zunge wird, wie vorher beſchrieben, gekocht und wenn ſie kalt iſt, der Länge nach von einander geſchnitten, mit Ei beſtrichen und in geriebener Semmel gewendet, welche man zuvor mit Pfeffer, Salz und

gewiegter Peterfilie vermischt hatte. Dann macht man
Butter braun und bratet die Zunge auf beiden Seiten
rasch, damit sie nicht zu hart wird. Man giebt sie zu
Gemüse, als Ersatz für Pökelzunge.

133. Rindszunge, gepökelt zu kochen.

Man wässere die Pökelzunge einige Stunden ein,
setze sie dann in einem irdenen Topf mit frischem Wasser zum Feuer und lasse sie gehörig weich kochen. Wenn
sie etwas abgekühlt ist, lege man sie auf die hohe Seite
lang aus zwischen zwei Bretchen, worauf man etwas
Schweres legt und wenn sie kalt geworden ist, ziehe
man die Haut davon ab und beseitige die am Schlund
und unter demselben befindlichen unsaubern Theile.

Zum Gemüse gegeben, wird sie in heißer Brühe
aufgewärmt und in Scheibchen geschnitten.

134. Rindszunge, geräuchert zu kochen.

Die geräucherte Zunge bürstet man in lauwarmem
Wasser ab, nun thut man sie in ein anderes Gefäß
mit lauwarmem Wasser und läßt sie einige Stunden
darinnen liegen. Hierauf nimmt man sie heraus, setzt
sie mit frischem Wasser auf's Feuer und läßt sie langsam weich kochen; während des Kochens koste man die
Brühe davon und findet man sie zu salzig, so gießt
man einen Theil davon ab und gießt dafür kochendes
Wasser hinzu, damit die Zunge nicht zu salzig schmeckt.
Nun läßt man die Zunge etwas abkühlen und behandelt sie ganz wie die oben beschriebene Pökelzunge.

135. Pökel-Rindfleisch zu kochen.

Man wäscht es mehrere Male gut ab, und setzt

5*

es mit kaltem Waſſer auf's Feuer, ſchäumt es ab und läßt es langſam weich kochen, aber immer in vollem Waſſer; ſollte die Brühe zu ſalzig werden, ſo ſchüttet man einen Theil davon ab und erſetzt dies mit kochen= dem Waſſer. Man giebt es zu allerhand Gewüſen; auch kalt, in ſeine Scheibchen geſchnitten mit Eſſig, Oel und Pfeffer.

136. Hamburger Rauchfleiſch zu kochen.

Das Rauchfleiſch wird mit kaltem Waſſer abge= waſchen und in lauwarmem abgebürſtet. Dann ſetzt man es mit kaltem Waſſer recht früh des Morgens auf's Feuer und läßt es ganz langſam kochen. Wenn das Fleiſch eine Stunde gekocht hat, muß man das Waſſer koſten; iſt es ſehr ſalzig, ſo gieße man das Waſſer ab und kochendes dafür zu. Auch muß man das Fleiſch immer mit Waſſer bedeckt erhalten, und daher mitunter kochendes Waſſer zugegoſſen werden. Wenn es weich iſt, laſſe man es noch eine Stunde in der Brühe ſtehen, es bleibt dadurch ſaftiger. Auch kann man, wenn es nur leicht geräuchert ſein ſollte, eine Erbſe groß Salpeter daran kochen, ſo wird es ſchön roth werden. Beim Anrichten zieht man die ſchwarze Haut ab und garnirt es mit Peterſilie.

Kalbfleisch.

Nr. 1. Die Keule, auch der Stoß genannt. Nr. 2. Das Nierenstück. Nr. 3. Die Cotelettes oder Carbonaden. Nr. 4. Der Hals.
Nr. 5. Das Blatt. Nr. 6. Die Brust nebst Bauch. Nr. 7. Der Kopf.

Vom Kalbe werden alle äußeren und inneren Theile zur
Speise gebraucht, selbst das Blut in Ermangelung von Schweine-
blut. Das Kalb sollte mindestens 3 Wochen alt sein, ehe es geschlachtet wird, und das Fleisch muß ein frisches, weißes und
schäumig fettes Ansehen haben, wenn es gut sein soll. Die Kalb-
fleischbrühe ist besonders kränken, schwächlichen und genesenden
Personen dienlich, oder da, wo leichte Brühen verordnet werden.

137. Kalbfleisch zu kochen.

Das zum Kochen bestimmte Kalbfleisch wird mit
heißem Wasser abgebrüht, sorgsam gewaschen und mit
kaltem Wasser recht rein abgespült. Nun thut man es
in einen irdenen Topf, setzt es mit heißem Wasser, Salz
und etwas Butter, auch nach Belieben Sellerie, Möhre

und Zwiebel dazu, auf's Feuer und kocht es langsam, in etwa einer Stunde weich. Ehe es an's Kochen kommt, schäumt man es ab.

138. Kalbfleisch, fricassirt.

Hierzu nimmt man gern Brust; dem Knorpelstück wegen, zerschneidet sie in Stückchen, wäscht sie gehörig und setzt sie mit Wasser und Salz auf's Feuer. Wenn es abgeschäumt ist, wird ein gutes Glas Weißwein, einige kleine Zwiebeln, zwei bis drei Citronenscheibchen, einige ganze Nelken und eine Prise Pfeffer dazu gethan und langsam weich gekocht. Dann wird die Brühe durch ein Sieb gegossen, mit frischer Butter und Mehl seimig gemacht, mit Eidotter abgezogen, etwas geschnittene Petersilie hinzugethan und nach Belieben mit Essig abgeschmeckt. Nun wird Alles zusammen in die Terrine gethan und so aufgetragen.

139. Kalbfleisch mit frischen Gurken.

Man schneidet das abgewaschene Fleisch in Stücken, legt solche in ein Kasseroll, thut etwas Butter, Salz, zwei Citronenscheibchen, etwas Fleischbrühe, frische geschälte und in Stückchen zerschnittene Gurken, ohne die Kerne hinzu, läßt es mit einander schmoren, und thut zuletzt etwas Muskatenblüthe und geriebene Semmel daran.

(Aus Zschopau im Erzgebirge.)

140. Kalbskopf mit Speck und Majoran.

Vom Kalbskopf werden die untern Kinnbacken herausgelöf't, indem man mit einem Messer die beiden Seiten nach den Ohren zu aufschneidet, hierauf die

Zunge herausgeschnitten und die Schnauze abgestußt, dann wird Alles recht sauber abgewaschen und reinigt (vorzüglich beachte man das Gebiß), und mit kochendem Wasser abgebrüht. Nun legt man die abgelösten Kinnbackenknochen in den Topf, Kopf und die Zunge darauf, damit er nicht anbrennt, gießt kochendes Wasser dazu, thut Salz und Pfefferkörner, Neuewürzkörner, zwei Lorbeerblätter, etwas Wurzelwerk hinein, und läßt Alles zusammen, etwa zwei Stunden, langsam weich kochen. Dann ¼ Pfund würflig geschnittenen Speck in ein Kasseroll und wenn er hellgelb ist, kommt 1 Löffel Mehl und 4 Löffel geriebene Semmel hinzu, welches unter öfterem Umrühren durchgeschwitzt wird, bis es dunkelgelb ist, nun zwei Löffel durchgesiebten Majoran dazu gethan, noch fünf Minuten gerührt und mit kochender Brühe vom Kalbskopf aufgefüllt, mit Essig und Pfeffer abgeschmeckt und verkochen lassen.

Den Kalbskopf setzt man gern ganz auf den Tisch und setzt in Butter geröstete, würflig geschnittene Semmel zum beliebigen Ueberstreuen mit auf. Die Zunge wird natürlich vor dem Auftragen abgezogen und hat man Gäste, so ist anzurathen, noch ein paar hinzuzunehmen, auch vielleicht noch ein Gehirn.

141. Kalbfleisch, gedämpft. (Pfefferfleisch.)

Zu 2 Pfd. Kalbfleisch nimmt man etwa ¾ Pfd. Butter, läßt diese im Kasseroll auf dem Feuer gelbbraun werden, legt das Fleisch in Stückchen getheilt hinein, thut 4 große Zwiebeln, 3 Lorbeerblätter, etwas Salz und gestoßenen Pfeffer hinzu und läßt es zugedeckt eine gute Stunde dämpfen. Während dieser Zeit wendet man es einige Male um und gießt, wenn nöthig, etwas

kochendes Waſſer hinzu. Nun brennt man etwa einen
Löffel voll Mehl in Butter braun und zieht die Sauce
damit ab. Mit Fleiſchbrühe kann man ſie nöthigen=
falls auch verdünnen.

142. Kalbs=Fricandeaux.

Man ſchneide aus der Kalbskeule die vier Fleiſch=
Muskeln vorſichtig aus, befreie ſolche von allen Häuten
und Sehnen, ſchlage ſie dann mit der Fläche eines be=
näßten Hackemeſſers etwas breit und ſpicke ſie auf der
ganzen oberſten Seite mit Speck. Nun lege man dieſe
Fricandeaux in ein paſſendes Kaſſeroll, in welchem man
vorher hinreichend Butter hat zergehen laſſen, beſtreue
ſie mit Salz, decke das Kaſſeroll gut zu und laſſe ſie
bei langſamem Feuer unter öfterem Begießen weich dün=
ſten. Wenn ſie fertig ſind, darf ihre Farbe nur gold=
gelb, nicht kaſtanienbraun ſein. Man beſtreut ſie nun
mit etwas Kapern und giebt ihre eigene Brühe, in
der ſie gedämpft worden, apart dazu; ſollte es aber zu
wenig ſein, ſo gieße man etwas braune Bouillon hinein.

Hierzu paſſen Gemüſe, auch Salzkartoffeln mit
Citronenſcheibchen.

143. Wiener Schnitzel.

Hierzu nimmt man eine Muskel aus der Kalbs=
keule, häutet dieſes Stück und ſchneidet es in fingerlange
anderthalb fingerbreite und federkieldicke Scheibchen, die
man in ſtarkem Salzwaſſer eine Stunde lang liegen
läßt, dann abgetrocknet in eine Klare, wie nachſtehend
angegeben, taucht und in heißem Fett goldgelb bäckt.
Beim Anrichten putzt man die Schüſſel mit gebackener

Petersilie, Kapern und Citronenscheibchen aus und giebt
sie auf den Tisch.

Die Klare wird bereitet, indem man ¼ Pfund feines Mehl,
1 Eigelb, 2—3 Eßlöffel Oel, 1—2 Eßlöffel Weißbierhefen mit so
viel Milch zu einem solchen Teig einrührt, daß er dickstrahlig vom
Löffel läuft und an einem hineingetauchten Gegenstande einige
Messerrücken dick sitzen bleibt. Vor dem Gebrauch muß die Masse
aufgehen.

144. Kalbskeule, gespickt und gebraten.

Die altschlachtene Kalbskeule wird von dem Beine,
was sich daran befindet, im Gelenke durchschnitten und
getrennt, dann auf beiden Seiten vorsichtig geklopft und
nochmals gut abgewaschen; dann wird die obere Seite
sorgfältig gehäutet und dicht mit Speck gespickt, in eine
passende Bratpfanne auf eine flache Bratenleiter gelegt,
die das Anhängen des Fleisches verhindert. Nachdem
man sie gehörig gesalzen hat, gießt man ein Nößel
kochendes Wasser hinzu, nebst ½ Pfund frische Butter,
stellt sie dann in die heiße Bratröhre und läßt sie zugedeckt, unter öfterem Begießen, eine Stunde braten.
Nun wird der Deckel abgenommen, die Keule umgewendet und die Pfanne hochgestellt, damit der Braten
unter öfterem Begießen mit seiner eigenen Brühe eine
schöne braune Farbe bekommt. Ist dies geschehen, so
nimmt man den Braten heraus und stellt ihn warm.
Unterdessen gießt man die Sauce aus der Pfanne ab,
und um noch etwas mehr zu gewinnen, setzt man die
leere Pfanne nochmals in die Bratröhre und sobald
der Boden der Pfanne braun angesetzt hat, gießt man
ein wenig kochendes Wasser hinein, läßt solches durch
leichtes Bewegen der Pfanne rings herumlaufen, rührt
es zugleich vorsichtig mit einem Löffel los und gießt

dieses zu der ersten Sauce. Hierauf macht man die Sauce kochend und quirlt sie, je nachdem man sie sei= mig haben will, mit einem oder zwei Theelöffel voll in Wasser flüssig gemachten Kartoffelmehls ab.

145. Kalbskeule, gedämpft.

Aus der Keule löset man, wenn sie vorher geklopft ist, vorsichtig alle Knochen heraus und wäscht sie mit warmem Wasser mehrere Male gut ab, reibt inwendig etwas Salz hinein und bindet sie mit feinem Bind= faden in eine beliebige Form. Dann wird ½ Stückchen Butter in einem Kasseroll braun gemacht, die Keule hineingelegt und auf beiden Seiten geröstet; ist dies geschehen, so schiebt man eine flache Bratenleiter darun= ter, gießt ½ Kanne kochendes Wasser, ein Glas Weiß= wein und ein wenig Essig hinzu, etwas Salz, ein Lor= beerblatt, zwei Zwiebeln, Pfefferkörner, vier Nelken, zwei Löffel Zucker, etwas Citrone und Speckschnittchen, auch fette Schinkenabgänge. Damit läßt man nun die Keule zugedeckt, unter nochmaligem Begießen, etwa zwei Stunden dünsten bis sie weich ist; dann wird sie her= ausgenommen, warm gestellt, und nun in der Sauce zwei Löffel Mehl braun geschwitzt, mit kochender Brühe oder Wasser aufgefüllt, bis sie seimig wird, alsdann durch einen feinen Durchschlag oder Sieb gequirlt, ab= geschmeckt und nach Belieben Kapern hinzugegeben.

146. Kalbsbrust, gefüllt.

Die Kalbsbrust gefüllt ist für Viele eine Lieblings= speise. Hat sie der Fleischer noch nicht zum Füllen vor= gerichtet, so schneide man sie am hintern Ende auf und dehne die Oeffnung zwischen Knochen und Fleisch in

der Länge der ganzen Brust auf, doch so, daß nirgends
ein Loch entsteht. Nun rührt man 8 Loth warm ge-
stellte Schmelzbutter, wobei etwas rothe Butter sein
kann, zu Schaum, (ja nicht zerlaufen lassen, sonst wird
die Masse fest), dann quirlt man drei Eier und rührt
sie dazu, würzt sie mit Salz, Muskate, Pfeffer, etwas
klar gewiegter Petersilie und thut so viel geriebene
Semmel hinzu, bis es ein ganz weicher Teig ist. Ist
die Brust sehr groß, so vermehrt man die Fülle durch
eine Obertasse voll Sahne und noch geriebener Semmel.
Mit diesem weichen Teige füllt man nun die Brust,
näht sie mit starkem Zwirn zusammen, wäscht sie sorgfältig in lauem Wasser ab, thut sie in die Pfanne auf
eine flache Bratenleiter und behandelt sie nun ganz so,
wie die gebratene Kalbskeule.

Beim Anrichten vergesse man nicht, die Zwirnfäden zu beseitigen.

147. Kalbsnierenbraten.

Diesen Braten läßt man vom Fleischer in Portion-
theile einknicken. Beim Gebrauch wäscht man ihn sauber ab, legt ihn dann auf eine flache Bratenleiter in
eine passende Pfanne, so daß die Nieren oben liegen,
salzt ihn gehörig, thut frische Butter dazu und gießt
etwas kochendes Wasser darüber, dann zugedeckt eine
Stunde braten lassen. Hierauf nimmt man den Deckel
ab, stellt die Pfanne hoch, damit der Braten unter
öfterem Begießen eine schöne braune Farbe bekommt.
Die Sauce wird wie bei der gebratenen Kalbskeule
Nr. 144 behandelt.

148. Kalbs-Coteletten oder Carbonade.

Coteletten oder Carbonaden sind die derben Stücken

Fleisch an den Rippen, welche man sich am liebsten gleich von den Fleischern vorrichten läßt. Man klopft sie auf beiden Seiten mürbe, streut Salz und Pfeffer darauf, etwas fein geriebene Zwiebel, wendet sie dann in Ei um und legt sie in gestoßene Semmel. Nun läßt man Butter in dem Tiegel recht steigen, legt die Coteletten hinein und bratet sie rasch über hellem Feuer auf beiden Seiten braun. (Man vermeide es, die Coteletten mit der Gabel anzustechen, damit kein Saft herausläuft.) Beim Serviren ist Manchem ein Stückchen Citrone zum beliebigen Ueberträufeln willkommen.

Das Umwenden in Ei und Semmel muß sorgsam geschehen und die Semmel fest angedrückt werden, sonst löst sich beim Braten die Kruste theilweise los, und die Coteletten bekommen dann ein weniger hübsches Ansehen.

149. Kalbs-Coteletten, unechte.

Man nehme 1 Pfund derbes, rohes Kalbfleisch und 4 Loth Rindsmark oder Butter, wiege oder hacke beides recht fein, thue Salz, Pfeffer, geriebene Zwiebel, eine Hand voll gestoßene Semmel, zwei ganze Eier und etwas Muskatenblüthe hinzu und mache davon finger-dicke Scheiben von der Rundung einer Obertasse. wende sie in Ei und dann in geriebener Semmel um und brate sie in steigender Butter rasch über hellem Feuer auf beiden Seiten braun. (In Ermangelung von Ge-müse, kann man eine Sardellensauce dazu geben.)

Alle Coteletten kann man Tags vorher zurecht machen, in zerlassene Butter tauchen, und zwar über und über, damit keine Luft dazu kann; so halten sie sich zugedeckt sogar einige Tage. — Oefters findet man in dieser Art Coteletten Rippchen hineingesteckt, um ihnen das Ansehen von echten zu geben; appetitlich ist dies eben gerade nicht, wie man bei einigem Nachdenken leicht fühlen wird.

150. Kalbsgehirn.

Man läßt friſche Butter warm werden, thut einen Löffel voll Mehl hinein, läßt es ein wenig röſten, ſchnei=det eine Zwiebel in der Mitte durch, thut ſie auch hin=ein, und füllt es dann mit guter Brühe auf: wenn ſie verkocht iſt, nimmt man die Zwiebel heraus, thut klein gewiegte Citronenſchale und von einer Citrone den Saft hinein. Das Gehirn, aus zwei Köpfen, wird mit kal=tem Waſſer gewaſchen, in Salzwaſſer abgekocht, und nachdem die Häutchen davon genommen, in Stücke ge=ſchnitten; dann in gequirlte Eier getaucht, in geriebener Semmel und Mehl, von jedem die Hälfte, umgewendet und in Butter gebacken, hierauf mit der Sauce an=gerichtet.

151. Kalbsbröschen. Kalbsmilch.

So nennt man die Halsdrüsen vom Kalbe, welche unweit des Schlundes ſitzen.

Man wäſſert aus den Bröschen alles Blut, kocht ſie in Salzwaſſer, doch nicht zu weich, ſchneidet ſie in beliebige Stückchen und läßt ſie auf einem Teller er=kalten. Dann wendet man jedes Stück in gequirltem Ei und in geriebener Semmel um und bratet ſie in Butter. So zu Gemüſe gegeben.

Will man die Bröschen fricaſſirt haben, ſo bereitet man ſie wie das fricaſſirte Kalbfleiſch Nr. 138 und thut noch Klößchen und Morcheln hinzu.

152. Kalbsfüße, gebacken.

Die Füße werden ſauber abgeſchabt, mit Salz ab=gerieben und mit heißem Waſſer mehrere Male abge=brüht, dann in Salzwaſſer ganz weich gekocht, die

Knochen davon gethan, jedes Stück, während sie noch warm und klebrig sind, in geriebener Semmel, die mit Essig angefeuchtet ist, herumgewendet; sind sie kalt, so bestreiche man sie zuvor mit Eiweiß. Hierauf macht man Butter in einem Tiegel recht heiß und röstet sie darin auf beiden Seiten schön gelb.

Will man eine Sauce dazu geben, so röstet man zwei Löffel Mehl in Butter gelb, gießt so viel kochende Fleischbrühe hinzu, bis es eine seimige Sauce wird, geschnittene Petersilie, Schnittlauch, Thymian und etwas Majoran darein gethan, und beim Anrichten ein Eidotter mit einem Löffel voll guten Weinessigs dazu gerührt, abgeschmeckt, und erst beim Anrichten an die gebackenen Füße geschüttet.

153. Kalbsleber, gebacken.

Wenn die Leber eine Weile in Wasser gelegen hat, so nimmt man sie heraus, trocknet sie mit einem Tuche ab, zieht die Haut ab, und löst die Sehnen heraus, schneidet zweifingerdicke Scheiben, wendet sie in Mehl und geriebener Semmel, von jedem die Hälfte um, und bäckt sie in heißer Butter auf beiden Seiten braun. Man kann sie zu verschiedenen Gemüsen, auch Salat geben.

Je frischer man die Leber haben kann, desto weicher und lockerer ist sie. Am besten ist sie noch warm aus dem Kalbe.

154. Kalbsleber, gedämpft.

Wenn die Leber rein abgewaschen, die Haut abgezogen und die Sehnen weggeschnitten sind, spickt man sie mit feinem Speck, Gewürznelken und Zimmtblüthe, thut dann in ein Kasserol eine kleine, flache Bratenleiter

und darauf Speckscheibchen, zwei Zwiebeln, ein Stück=
chen Möhre, legt die Leber darauf, dünne Citronen=
scheibchen und zwei Lorbeerblätter dazu, streut geriebene
Semmel darüber und belegt sie mit kleinen Stückchen
Butter; deckt sie zu, stellt sie in eine Bratröhre und läßt
sie eine Stunde dünsten; nimmt dann den Deckel weg,
rüttelt das Kasseroll einige Mal, stellt es hoch und läßt
noch eine halbe Stunde die Leber offen in der Röhre
stehen, damit sie eine schöne, gelbe Farbe bekommt;
dann legt man sie auf eine Schüssel, gießt ein wenig
Brühe oder kochendes Wasser in das Kasseroll, rührt es
gut um, quirlt die Sauce durch einen engen Durch=
schlag, schmeckt sie mit Salz und Citronensaft ab und
schüttet sie über die Leber.

Es ist zu beachten, daß die Leber nicht gesalzen werden darf,
sonst wird sie hart; nur die Sauce oder Butter worin sie bereitet
ist, wird gesalzen.

155. Kalbsgekröse (Instert).

Das Gekröse darf nicht zu alt sein, daher hüte man
sich vor solchen, die lange im Wasser gelegen haben.
Es wird in kaltem Wasser mehrere Male recht sauber
abgewaschen, dann mit Salz und Wasser auf's Feuer
gesetzt, nun beständig umgerührt und das Schleimige
herausgekocht; dann wird es abgegossen und in kaltem
Wasser nochmals gewaschen. (Die erste Brühe vom
Gekröse ist zu nichts zu gebrauchen und wird wegge=
gossen.) Nun kocht man das Gekröse in Fleischbrühe
oder Wasser weich, schneidet es dann in Stückchen und
macht folgende Sauce dazu: Man röstet in Butter 2
Löffel voll Mehl und eine fein geschnittene Zwiebel
schön gelb, gießt von dem weichgekochten Gekröse Brühe

dazu, ein Glas Weißwein oder etwas Essig, Citronen=
scheibchen, Nelfen und Pfeffer, und läßt dies Alles zu=
sammen ankochen, dann zwei Eidotter hinzugequirlt.
abgeschmeckt, und über das Gekröse gegossen.

156. Kalbslunge. Gefchlinge.

Hierzu nimmt man die Lungen und das Herz,
schneidet beides in Stückchen, wässert solche gut aus
und kocht sie mit Wasser und Salz, bis das Herz weich
ist, wendet sie auch öfters um, damit nichts anbrennt,
dann etwas braunes Mehl gemacht, geschnittene Zwie=
bel hinzugethan, mit der Lungenbrühe und Essig aufge=
füllt, zu einer dicken Sauce verkocht, mit Butter und Pfeffer
abgeschmeckt und über die weich gekochte Lunge geschüttet.

Lungenmuß nennt man es, wenn man Lunge
und Herz klein wiegt, in Butter schmort, mit Brühe
verdünnt und mit geschnittener Petersilie, Salz und
Pfeffer, auch etwas Essig abschmeckt.

157. Kalbszungen.

Drei bis vier Zungen werden gut gewaschen, mit
Wasser auf's Feuer gesetzt, und sobald' es am Kochen
ist, abgeschäumt, dann Salz, Zwiebeln, zwei Lorbeer=
blätter, Pfefferkörner, Neuewürzkörner und etwas Wurzel=
werk hinzugethan und langsam weich gekocht. Nun
wird die Haut von den Zungen abgezogen, jede der
Länge nach in zwei Theile geschnitten und wieder in
die Brühe gethan. Nun bereitet man eine Sauce, wie
beim fricassirten Kalbfleisch Nr. 138, und läßt die
Zungen in dieser Sauce noch ein wenig anziehen. Auch
kann man etwas Kapern hinzuthun.

Schöps- oder Hammelfleisch.

Nr. 1. Die Keule oder der Stoß. Nr. 2. Das Carrée oder Nierenstück. Nr. 3. Die Coteleites oder Carbonaden. Nr. 4. Das Blatt. Nr. 5. Der Bauch und die Brust. Nr. 6. Der Kopf.

Dieses Fleisch ist ein sehr bedeutender Artikel für die Küche und eignet sich zu vielen Bereitungsarten; man versehe es aber ja nicht, sowohl beim Kochen als Braten etwas mehr wie von andern Fleischarten auf die Person zu rechnen, da dasselbe, besonders von altem Vieh, sehr zusammenfährt.

Im Spätherbst sind die Hammel besonders fleischig und fett. Hauptsächlich ist es, nur altschlachten zu verwenden.

158. Schöpsfleisch zu kochen.

Man läßt sich das Fleisch gleich in Kochstückchen hauen, wäscht es in kaltem Wasser rein ab und setzt es mit kaltem auf's Feuer, ist es am Kochen, so schäumt man es ab, salzt es gehörig, thut etwas Zwiebel und eine Möhre daran und läßt es langsam weich kochen. Wird zu Kartoffelstückchen mit Kümmel, Zwiebeln, Boh= nen, Rüben und allen Kohlarten gegessen.

159. Schöpsbraten.

Hierzu nimmt man entweder die Keule oder den ganzen Braten. Man klopft ihn auf beiden Seiten tüchtig durch, dann wäscht man solchen rein ab, legt ihn auf einer flachen Bratenleiter in eine passende Pfanne oder Kasserol, gießt darein bis an das Fleisch reichend kochendes Wasser, thut das gehörige Salz hinzu und läßt dies, mit einer passenden Stürze gut zugedeckt, 2 bis 3 Stunden, unter öfterem Begießen mit der eigenen Brühe dünsten, auch muß während der Zeit der Braten einige Male umgewendet werden. Eine halbe Stunde vor dem Anrichten wird die Stürze abgenom= men, die Pfanne hoch gestellt, damit der Braten von oben schön bräunt, dabei öffters begossen, dann schöpft man das überflüssige Fett von der Brühe ab; ist dies geschehen, so bereitet man die Sauce dazu, wie bei der gebratenen Kalbskeule, Nr. 144.

160. Schöpskeule, gedämpft.

Die Keule klopft man auf beiden Seiten tüchtig durch, löst die Knochen heraus, wäscht sie ab, reibt in= wendig etwas Salz hinein, wird dann mit dünnem Bindfaden rund gebunden, auf eine flache Bratenleiter in ein passendes Kasserol gelegt und noch etwas Salz, ein Glas Wein, Lorbeerblätter, etwas Wurzelwerk und Kräuter, Pfefferkörner, einige ganze Nelken und zwei Zwiebeln hinzugethan, zwei Rößel kochendes Wasser darauf gegossen, nun gut zugedeckt und langsam 2 bis

3 Stunden unter öfterm Begießen gedünstet. Ist die
Keule weich, so legt man sie auf einen gewärmten
Bratenteller, nimmt das Fett von der Brühe rein ab,
dünstet zwei Löffel voll Mehl in der Brühe, gießt Schöps-
brühe oder Wasser zu und läßt dies zusammen zu einer
seimigen Sauce kochen. Nun wird diese Sauce durch
einen Durchschlag gestrichen, mit Salz, etwas Senf,
Wein oder Essig abgeschmeckt, kleine Pfeffergurken und
Kapern hineingethan, ein großer Theil davon auf den
Bratenteller zur Keule gegossen und die übrige Sauce
apart gegeben.

161. Schöpskeule, als Rehbraten.

Von der Keule wird sorgfältig die Haut und alles
Fett abgeputzt, und wenn sie nicht altschlachten ist, we-
nigstens tüchtig auf beiden Seiten geklopft und 4—6
Tage in saure Milch gelegt, dann mit einer starken
Spicknadel recht dicht mit Speck gespickt. Alsdann
nimmt man die Keule heraus, läßt sie abtropfen und
bratet sie, auf eine flache Bratenleiter gelegt, mit ½
Pfund Butter, dem nöthigen Salz und einer Obertasse
voll Wasser, unter öfterm Begießen mit der eignen
Brühe und steter Aufmerksamkeit, zugedeckt, in etwa 2
Stunden weich. Sobald sich die Brühe am Boden der
Pfanne braun angesetzt hat, so gießt man immer wie-
der ein wenig kochendes Wasser hinzu. Eine halbe
Stunde vor dem Anrichten nimmt man die Stürze ab
setzt die Pfanne hoch und läßt den Braten schön bräu-
nen; vorzüglich wird er, wenn man ihn mit saurer
Sahne begießt. Die Sauce dazu wird bereitet, wie bei
der gebratenen Kalbskeule Nr. 144.

6*

162. Schöps-Coteletten.

Sind in der Zubereitung ganz den Kalbs-Cotelet-
ten Nr. 148 gleich. Man verspeist sie mit Kohl, oder
Kartoffeln.

163. Schöps-Carrée, mit Chalotten.

Ein geschätzter Theil Fleisch zwischen Keule und
Rippen. Man läßt sich beim Fleischer den daran befindlichen Rückenknochen abhauen, dann wird es gewaschen, mit etwas Salz, Zwiebel und wenig Wasser auf
dem Feuer weich gedämpft, und mit folgender Sauce
verspeist: Man nimmt einen guten Theil geschälter
Chalotten und röstet sie mit etwas Butter und ein
wenig kräftiger Fleischbrühe weich, füllt dann die Brühe
von den Carrées dazu und macht es mit in Butter
braun geröstetem Mehle seimig; nun schmeckt man diese
Sauce mit Salz und Pfeffer ab.

Das Lamm.

Anfang Februar bis Mai, besonders zum Osterfeiertagen, sind die
Sauglämmer mit ihrem blaß-fleischfarbenen, zarten Fleisch an der
Tagesordnung. Das Lammfleisch hat mehr zarte als wirklich
wohlschmeckende Eigenschaften.

Beim Einkauf von abgeschlachteten und schon abgezogenen
Oster-Lämmchen sehe man sich vor, daß man nicht etwa statt
dessen eine Oster-Ziege nach Hause bringe.

164. Lammsbraten.

Hierzu werden nur die Keulen genommen, welche

einige Tage an der frischen Luft gehangen haben.
Dann wäscht, häutet und spickt man sie, legt sie auf
einer flachen Bratenleiter in die Pfanne, thut gehörig
Salz und ein Lorbeerblatt daran und bratet sie rasch,
höchstens eine Stunde, mit viel Butter.

165. Lammfleisch, fricassirt.

Man schneidet das Fleisch in Stücken, wäscht es
gut ab und überbrühet es mit kochendem Wasser. Nun
dünstet man es 5 Minuten im Kasserol mit frischer
Butter, rührt einen Löffel voll Mehl dazu, thut ein
kleines Stück magern Schinken, etwas feine Kräuter
und Gewürz, Salz, einige Citronenscheiben hinein, gießt
heiße Fleischbrühe oder Wasser darauf und läßt es weich
und kurz einkochen. Zuletzt zieht man es mit Eidotter
ab und kräftigt das Fricassée mit Citronensaft oder
Wein und klar gewiegten Sardellen.

166. Lammfleisch, mit Spinat.

Das Fleisch wird gewaschen und in warmes Wasser
gelegt, damit das Blut herauszieht, dann kocht man es
in kaltem Wasser mit etwas Salz und einem Stück
frischen Speck, auch etwa vorräthige Schinkenabgänge
dazu, weich. Die Brühe benutzt man zur Bereitung
des Spinat's (siehe unter Nr. 107.)

Das Lammfleisch, so gekocht, kann man auch mit
gelben Rüben anrichten.

Die Ziege.

Dieses durch seine Milch nützliche Hausthier bildet keinen fest-stehenden Schlachtfleischartikel, jedoch geben die jungen Ziegen noch einen recht leiblichen Braten.

167. Ziegenbraten.

Nachdem die Ziege einige Tage in der frischen Luft gehangen hat, nimmt man sie, je nach ihrer Stärke ganz oder halb, wäscht sie sauber ab, häutet und spickt sie und legt das so zugerichtete Fleisch auf eine Braten-leiter in die Pfanne; nun Salz hinzugethan, ein Lor-beerblatt, Zwiebel, Neuewürze und Pfefferkörner, und mit Butter eine Stunde rasch gebraten. dann mit ge-riebener Semmel bestreut, braune Butter darüber ge-träufelt, die Pfanne hochgestellt, und vollends braun gebraten. Wenn nöthig, wird jedesmal ein klein wenig heißes Wasser zugegossen und damit der braune Satz in der Pfanne losgekocht.

168. Ziegenfleisch.

Soll das Ziegenfleisch nur gekocht werden, so läßt es sich am schmackhaftesten wie Hasenklein zurichten. (Siehe Nr. 223.)

Schweinefleisch.

Nr. 1. Das Kammstück. Nr. 2. Das Blatt oder die Vorder-
schinken, Nr. 3. Der Bauch mit der Brust. Nb. 4. Die Cotelettes
oder Carbonade. Nr. 5. Das Carrée. Nr. 6. Die Keule oder der
Schinken. Nr. 8. Der Kopf.

Wer jemals Zeuge von einem sogenannten Schlachtfeste ge-
wesen ist und mit angesehen hat, mit welch munterer Geschäftig-
keit sowohl die Familienglieder, als selbst nahe und ferne Anver-
wandte sich dabei betheiligen, und wie sich Alle zuletzt bei einem
Mahl von ihrer Thätigkeit erholen und erquicken, einem Mahle,
wobei Wurstsuppe, Blut-, Leber- und Bratwurst, gekochtes und
gebratenes Schweinefleisch nebst Sauerkraut und Klößen, gekochten
Erbsen, Meerrettig, Kartoffeln, Aepfeln und Preißelsbeeren, Alles
in reicher Auswahl aufgetragen wird, der wird sich überzeugt
haben, wie die Vorliebe der alten Deutschen zu Schmausereien ein
Erbtheil des deutschen Volkes geblieben ist bis auf den heuti-
gen Tag.

Obgleich dieses nützliche Hausthier gewissermaßen verachtet ist,
so läßt sich doch fast kein Thier angeben, welches in allen seinen
inneren und äußeren Theilen so genieß- und brauchbar wäre, wie
das Schwein. Nur darf es keine Finnen haben, welche sich in
dem magern Fleische als kleine, weißliche Drüsen, die wie Hirse
aussehen, zeigen; ein solches Fleisch ist nicht nur unappetitlich,
sondern auch jedenfalls der Gesundheit nachtheilig. Die in neue=
rer Zeit öfterer bei Schweinen vorgekommene gefährliche Trichinen=
krankheit hat Manchem den Genuß des Schweinefleisches verleidet;
jedoch kann man es bei sorgsamer Zubereitung, das heißt: tüchtig
gekocht und gebraten, ohne Nachtheil genießen, ebenso stark durch=
gepökelten und gut geräucherten Schinken, so wie gekochte und ge=
räucherte Wurst, hüte sich aber vor den zum Verkauf ausgebotenen
schlecht geräucherten Würstchen, Knackwürstchen, Appetitswürstchen,
Wienerwürstchen u. s. w genannt.

169. Schweinefleisch zu kochen.

Hierzu nimmt man Bauchfleisch oder Rippenstück=
chen. Dieses wäscht man mit warmem Wasser ab,
thut etwas Gewürze, einige Lorbeerblätter, etwas Wur=
zelwerk dazu und kocht es in gesalzenem Wasser lang=
sam und nicht zu weich, wobei es gut abgeschäumt
werden muß.

Man speist es gern mit Sauerkraut, Meerrettig,
Kohlrabi, Kartoffelklößen, Hirse und dergl.

170. Schweinebraten.

Hierzu nimmt man Bauchstück oder ein anderes
derbes Stück, jedoch von einem jungen Schwein, damit
man die Schwarte darauf lassen kann. Es wird mit
warmem Wasser abgewaschen und dann mit kaltem ab=
gespühlt, auf eine flache Bratenleiter in eine passende
Pfanne auf die Schwartenseite gelegt, mit Salz und
zwei Nößel kochendem Wasser ¼ Stunde zugedeckt ge=

braten. Alsdann wird der Braten gewendet und die
weichgekochte Schwarte mit einem spitzigen Messer in
fingerbreite, zolllange Streifen durchschnitten, mit etwas
Salz eingerieben und die Pfanne hochgestellt, damit der
Braten vollends weich und die Schwarte schön dunkel=
gelb und knusperig wird. Nun wird der Braten aus
der Pfanne genommen, warm gestellt und das über=
flüssige Fett von der Brühe mit einem Löffel abgeschöpft.

171. Schweinszungen.

Man kocht die Zungen in Salzwasser weich, zieht
ihnen die Haut ab, läßt Butter zergehen und wenn
solche anfängt braun zu werden, legt man die Zungen
hinein und röstet sie darin. Dann werden sie in eine
Schüssel gelegt, etwas von der braunen Butter aus
der Pfanne dazugethan und zugedeckt. Hierauf gießt
man etwas Weinessig in die übrig gebliebene Butter,
thut Ingwer und Pfeffer dazu und läßt es nochmals
aufsieden und schüttet es zu den Zungen.

(Aus Zschopau im Erzgebirge.)

172. Schweins=Coteletten.

Werden ganz gleich wie die Kalbscoteletten Nr. 148
zubereitet. Man giebt sie mit gebratenen Kartoffeln
und Sauerkraut, auch noch geriebenen Meerrettig, mit
Zucker, Salz und Essig vermischt dazu.

173. Schweinslendchen, gespickt.

Man befreit sie sorgfältig von Haut und allen
Fetttheilen und spickt sie mit einer Spicknabel fein und
dicht. Alsdann werden sie gedämpft und behandelt wie

die Kalbs-Fricandeaux Nr. 142. Wird zu Spinat mit harten Eiern gegeben, auch Kohl mit Kartoffeln.

174. Schweins-Pökelfleisch zu kochen.

Wenn man das Pökelfleisch nicht selbst zubereitet hat und nicht weiß, wie scharf es gepökelt und ob das Fleisch von einem jungen oder alten Thiere ist, so muß es, nachdem man es sauber gewaschen, mit heißem Wasser ans Feuer gesetzt und es 10 Minuten gekocht hat, an der Brühe kosten, ob es etwa nicht zu salzig ist; wäre dies der Fall, so muß die erste Brühe ganz oder halb abgegossen, je nachdem sie scharf, und anderes kochendes Wasser hinzu gethan werden. Hat es nun eine Stunde gekocht, so sehe man nach, ob es weich ist und versuche abermals die Brühe, denn sie darf nicht schärfer wie jede andere Fleischbrühe schmecken. Wird mit Sauerkraut, Kartoffelklößen, Pflaumenmuß und dergl. gegeben.

175. Schweinskeule, gepökelt zu braten.

Nachdem man die Pökelschweinskeule abgewaschen hat, legt man sie auf eine flache Bratenleiter, die Schwartenseite nach unten in die Pfanne, gießt zwei Nößel kochendes Wasser hinzu, thut einige Zwiebeln, 2 Lorbeerblätter und etwas Gewürz daran und läßt es zugedeckt eine Stunde dämpfen. Dann wendet man die Keule, zieht die Schwarte davon ab, stellt die Pfanne unbedeckt etwas höher, damit die Keule von oben eine schöne Farbe bekommt, streut gestoßene Nelken mit Salz vermischt und etwas Zimmet darauf und läßt sie langsam weich braten.

Man kann jedes Gemüse, auch Salat dazu geben;
Salzkartoffeln aber stets dabei.

176. Schinken, gekocht.

In den Monaten Februar, März, April, Mai sind
die Schinken am besten. Zum Kochen nimmt man gewöhnlich die älteren, trockenen Schinken, welche man,
weil diese immer sehr salzig sind, über Nacht in laues
Wasser legt, damit sich das Salzige etwas mildert.
Andern Tages wäscht und reibt man nun den Schinken
mit heißem Wasser ab, schneidet auch die Hesse tief
heraus und putzt um den Knochen herum den Pfeffer
und Alles Unreine ab. Nun setzt man ihn mit kaltem
Wasser in einem sehr geräumigen Topfe aufs Feuer,
thut einige Zwiebeln, etwas Gewürz, einige Lorbeerblätter und Wurzelwerk daran und läßt ihn 2 bis 3
Stunden langsam kochen und zwar so, daß die Flüssigkeit nur von unten aufperlt, ohne im geringsten auf-
zuwallen. Das zutreffende Weichsein ermittelt sich durch
das leichte Eindringen einer zweizinkigen Gabel; ist dies
der Fall, so gießt man schnell einen Topf voll kaltes
Wasser zu; durch diese Behandlung zieht der Schinken
seine eigene Brühe wieder in sich. Dann nimmt man
ihn heraus, zieht die Schwarte ab und bestreut ihn
mit Pfeffer und etwas Salz.

Wird der Schinken nicht auf einmal verbraucht, so bedecke
man den übrigen Theil mit der abgezogenen Schwarte.

177. Schinken, gebraten.

Hierzu nimmt man einen frisch geräucherten Schinken, wo man überzeugt ist, daß das Fleisch zart und
nicht übersalzen ist (wie z. B. diejenigen von den Go-

thaer Milchschweinen). Dieser nun wird nicht gewässert, sondern nur mit heißem Wasser rein abgewaschen, dann mit der Schwartenseite auf eine flache Bratenleiter in eine Pfanne gelegt, zwei Nößel Wasser hinzu, mit einem gut passenden Deckel zugedeckt und 2 Stunden langsam gedünstet. Während dieser Zeit sehe man einige Male darnach, um etwa etwas Wasser zuzugießen. Ist der Schinken ziemlich weich, so wendet man ihn um, zieht die Schwarte ab, und setzt die Pfanne hoch, damit die obere Seite schön braun und knusperig, wie Gänse- braten wird.

178. Schinken, gebacken.

Von dem Schinken, welcher frisch geräuchert und nur wenig gesalzen sein darf, schneidet man die Hesse, wie auch das überflüssige Fett, die Schwarte und das Schwarze auf der andern Seite ab, und wässert nun den Schinken, eine halbe Stunde in viel lauem Wasser aus; dann nimmt man ihn heraus, trocknet ihn gut ab und schlägt ihn in fingerdick ausgerollten Brodteig so ein, daß nirgends eine Oeffnung bleibt, und durch- sticht den Teig auf der obern Seite einige Male, damit er nicht platzen kann. Nun wird er in eine flache Brat- pfanne gelegt und in der Bratröhre 4—5 Stunden langsam gebacken; bequem und sicherer ist es jedoch, wenn man ihn beim Bäcker backen läßt. Ist er fertig, so wird die Teigkruste davon beseitigt.

179. Bratwurst.

Man dreht die beiden Enden davon fest zu, wäscht sie, trocknet sie sauber ab, wendet sie in Ei und Semmel um und dann in gelbbrauner Butter auf beiden Seiten braun gebraten.

Das Anstechen mit einer Gabel vermeide man, weil sonst der Saft herausläuft und die Wurst statt schön saftig, trocken ist.

180. Frankfurter Wurst.

Die Frankfurter Würstchen legt man gleich in kochendes Wasser, worin sie 10 Minuten fortkochen müssen. Dann nimmt man sie mit einem Löffel vorsichtig heraus; doch muß man das Anstechen vermeiden, damit sie den Saft nicht verlieren.

Zahmes und wildes Federvieh.

Um das Federvieh schnell zu schlachten und ausbluten zu lassen, muß man das Abschlachten von Hühnern, Gänsen u. s. w. mehr-

mals zugesehen und es genau abgemerkt haben, sonst quält man
diese armen Thiere unnöthig lange und thut besser und ist menschi-
licher, ihnen gleich den Kopf abzuhacken. Das Abrupfen der Federn wird sogleich nach dem Abschlachten vorgenommen, dann läßt
man das Thier gehörig verkühlen, ehe man es ausnimmt. Alles
trocken gerupfte Federvieh ist besser, schmackhafter und hält sich
auch länger, als das im Wasser abgebrühte. Durch das Abbrühen
geht es aber geschwinder und wird viel reiner; man braucht es
dann auch nicht abzusengen. Alte Hühner und Tauben können in
viel heißerem Wasser gebrüht werden, als die jungen Hühner, denn
bei jungen geht oft die Haut mit ab, wenn man zu heißes Wasser
nimmt. Gänse, Enten und Truthühner werden stets trocken gerupft, so wie auch Fasane, Rebhühner, Lerchen und Krammetsvögel. Das Ausnehmen und Zurichten des verschiedenen Feder-
viehes läßt sich in Kürze schwer beschreiben und verständlich machen;
man lasse sich bei dieser Procedur von einer darin kundigen Person
helfen und man wird sehr bald damit vertraut sein.

Das Fleisch der frisch geschlachteten Thiere hänge man stets
vor dem Gebrauch einige Tage an die Luft. Frisch gekocht oder
gebraten bleibt es zähe.

Alles zahme und wilde Geflügel ist am besten in den Monaten
September, October, November, December und Januar.

a. Zahmes Federvieh.

181. Altes Huhn gekocht.

Ein altes geschlachtetes Huhn wird, wenn es einige
Tage an der frischen Luft gehangen hat, ausgenommen
gesengt und ausgewaschen, mit Wasser, Salz, Sellerie,
Möhre und Zwiebel auf das Feuer gesetzt und wenn
es kocht, mit dem Schaumlöffel abgeschäumt. Es ist
sehr verschieden, wie lange es kochen muß, 1—2, auch
3 Stunden. Alsdann verwendet man die Bouillon
davon zu dem betreffenden Gemüse, was man dazu
geben will, als z. B. Reis, Morcheln oder Allerlei.

182. Altes Huhn, fricassirt.

Nachdem man ein Huhn ausgenommen und vor=
gerichtet hat, schneidet man es in beliebige Stückchen.
Nun läßt man 6 Loth Butter in einem Kasserol steigen
und dünstet darin das Huhn mit Zwiebel und Gewürz
zugedeckt ¼ Stunde, dann rührt man einen Löffel voll
Mehl hinein, gießt 1 Nößel Wasser hinzu und läßt das
Huhn 1½ bis 2 Stunden, ebenfalls zugedeckt, weich
dünsten. Die weich gedünsteten Stückchen Huhn legt
man nun in eine Schüssel, schmeckt die Brühe mit Essig
und gewiegten Sardellen ab, quirlt 1—2 Eidotter hinzu
und gießt diese Sauce durch einen engen Durchschlag
über das Huhn.

183. Junges Huhn, fricassirt.

Man schlachte 2—3 Hühnchen, hänge sie wenig=
stens einen Tag in die frische Luft und richte sie vor
wie altes Huhn. Nun läßt man 8 Loth Butter in
einem Kasserol steigen und legt die getheilten Hühnchen
hinein, thut den Saft von einer halben Citrone, Zwie=
beln und 2 Nelken dazu und läßt es 5 Minuten dünsten;
alsdann 2 Löffel voll Mehl hinzugerührt, mit 1 Nößel
Wasser aufgefüllt und ¼ Stunde kochen lassen, bis die
Hühnchen weich sind. Nun werden die Hühnchen in
die Schüssel gelegt und warm gestellt, die Brühe mit
4 Eidotter, Mehl und Wein abgezogen, aufgekocht und
durch einen engen Durchschlag gegossen. Nach Bedarf
noch etwas Fleischbrühe hinzu, mit Citronensaft und
Muskate abgeschmeckt, dann die Hühnchen damit be=
gossen und die übrige Sauce mit Semmelklößchen und
Morcheln verziert apart gegeben.

184. Junges Huhn, gebacken.

Man tranchirt die mittelmäßig großen Hühnchen auf folgende Art: Kopf mit Hals, die Flügel, die Keulchen werden abgeschnitten, die Brust aber in zwei Theile halbirt; nachdem sie mehrmals rein ausgewaschen sind, läßt man das Wasser rein ablaufen, salzt sie ein und läßt sie eine Viertelstunde darin liegen; dann wendet man jedes einzelne Stück in Mehl um, dann in abgeschlagene Eier und zuletzt in gestoßener Semmel. Nun läßt man Schmelz- oder frische Butter in einem tiefen Tiegel zergehen, wenn diese scharf heiß ist, legt man so viel Stückchen hinein, daß sie bequem schwimmen können; sind sie auf einer Seite gelb, so werden sie mit dem Schaumlöffel umgewendet, läßt sie ebenfalls hellgelb backen, nimmt sie mit dem Schaumlöffel heraus und legt sie auf Löschpapier; damit die Butter aber nicht braun wird, so legt man gleich wieder andere Hühnerstückchen hinein und verfährt damit bis zu Ende, richtet sie auf der Schüssel an und garnirt sie mit Petersilie.

Hierzu giebt man Schoten und Möhren, Blumenkohl, Spinat, auch Bohnen.

185. Junges Huhn, gebraten und gefüllt.

Wenn man das Huhn ausgenommen, das Brustbein eingebogen und rein gewaschen und mit ein wenig Salz ausgerieben hat, rührt man 2 Loth Butter zu Schaum, dann ein großes Ei, gewiegte Petersilie, die rohe, gewiegte Leber und eine Chalotte hinzu und vermischt dieses mit so viel frisch geriebener Semmel, daß es ein lockerer Teig wird, womit nun das Hühnchen oben und unten gefüllt wird, dann die Oeffnungen zugenäht, damit nichts von der Fülle herauslaufen kann.

Nun thut man 4 Loth Butter in einen Tiegel, läßt sie gelbbraun werden und bratet das Hühnchen darin, mit einer passenden Stürze zugedeckt, unter öfterem Begießen braun. Wenn es sich im Tiegel braun ansetzt, gieße man einige Löffel kochendes Wasser hinzu. Man giebt es mit Salat oder eingemachtem Obst.

Vor dem Anrichten übersehe man nicht, aus dem Hühnchen die Zwirnfäden zu beseitigen.

186. Gedämpftes Huhn in Wein-Sauce.

Man nimmt kleine fleischige Hühnchen, putzt und wäscht sie rein aus, spickt sie mit fein geschnittenem Speck und theilt jedes vorsichtig in zwei Theile. Der Boden des Kasserolls wird mit dünnen Scheiben Speck belegt, zwei Zwiebeln in Scheiben geschnitten darauf gethan, sodann die getheilten Hühnchen, das Gespickte oben, dazu gelegt, hierauf so viel weißer Wein, den Hühnchen gleich, in das Kasseroll gegossen; auch etwas Pfeffer, Neuewürze, Muskatenblüthe, Salz und geriebene Semmel darüber gestreut, einige kleine Stückchen Butter oben darauf gelegt und zugedeckt; nun macht man unten und oben eine gleichmäßige Hitze und läßt sie so lange dämpfen, bis sie weich und etwas gelb sind. Hierauf wird die Sauce mit einem Theelöffel voll Kartoffelmehl und einem Eidotter abgequirlt und abgeschmeckt.

187. Kapaun, gebraten.

Der mehrere Tage zuvor geschlachtete, vorsichtig gerupfte, damit man die Haut dabei nicht zerreißt, und in frischer Luft gehangene Kapaun wird, wenn er ausgenommen, gesengt und recht sorgfältig gewaschen und dabei mit Mehl und Salz abgerieben ist, in die nöthige Façon zum Braten gebracht und auf beiden Brustseiten mit recht fein geschnittenem Speck und mit einer kleinen Spicknadel recht dicht und fein gespickt, alsdann nebst 12 Loth frischer Butter, Salz und 3 Obertassen voll Wasser, mit einer Stürze bedeckt in eine passende Bratpfanne gelegt, in die heiße Bratröhre gestellt und darin unter häufigem Begießen in anderthalb Stunden immer mit recht kurzer Brühe, ohne selbige dabei anbrennen zu lassen, gar gebraten. Man nimmt ihn dann aus der Bratröhre, richtet ihn auf einer passenden Schüssel an, und giebt die Brühe apart dazu. Die Brühe kann man dadurch vermehren, daß man den Bratensatz mit einigen Löffeln guter Fleischbrühe von der Pfanne loskocht.

Beim Zertheilen dieses Bratens, überhaupt bei allem Geflügel, nehme man hauptsächlich darauf Rücksicht, daß keine unansehnliche Stücke abgeschnitten werden.

188. Truthahn, gebraten.

Der Truthahn, als der größte zahme Vogel, muß,

wenn man ihn braten will, mehrere Tage zuvor geschlachtet sein und in frischer Luft gehangen haben. Er
wird dann rein ausgewaschen, in die zum Braten nöthige Façon gebracht, indem man die Keulen zurück-
drängt, ein spitziges Holz durchsticht und am Gelenke
die Füße mit Bindfaden festbindet. Er wird indeß stets
ein besseres Ansehen erhalten, wenn man in die große
Brustlappenhaut, worunter der Kopf gesessen hat, irgend
eine beliebige Fülle macht, die man am besten von zwei
altbackenen Weißbrödchen anfertigt, welche man von
der Rinde befreit, in kaltem Wasser einweicht und wieder ausdrückt, in ein Kasseroll thut, worin man 8 Loth
frische Butter gelb hat werden und eine Messerspitze
recht fein geschnittene Zwiebel darin hat schwitzen lassen.
Hierzu schlägt man vier ganze Eier, etwas Salz und
Muskatennuß und röstet es auf dem Feuer zu einem
festen Teig, den man dann mit großen ausgegräteten
Sardellen, die man nebst der Leber von dem Truthahn
mit dem Wiegemesser recht fein geschnitten hat, vereinigt
und damit den Truthahn füllt. Man näht die Haut
mit Zwirn zusammen, bedeckt die Brust mit handgroßen
und breiten, dünnen Scheiben Speck, die man mit
Bindfaden fest bindet, legt ihn auf eine flache Bratenleiter in eine passende Bratpfanne mit 4 Obertassen
voll Wasser, 12 Loth frischer Butter und dem nöthigen
Salz, bedeckt die Pfanne mit einer passenden, hohen
Stürze und setzt ihn in die heiße Bratröhre, worinnen
man ihn mehrere Stunden unter besonderer Aufmerksamkeit, und während man ihn aller 10 Minuten begießt, weich braten läßt, aber immer in kurzer Brühe,
wobei man lieber dann und wann einmal ein wenig
Wasser zugießt, als daß man die Brühe in der Pfanne

so lang und dünn dabei läßt. Er wird alsdann aus der Bratröhre herausgenommen, aller Bindfaden, Zwirn und Holz davon entfernt, auf einer passenden Schüssel angerichtet und Brühe apart dazu gegeben.

189. Tauben, gekocht.

Man schlachte die Tauben stets einen Tag vorher, und rupfe die Federn sogleich ab. Vor dem Kochen werden sie dann abgesengt, ausgenommen, zugerichtet, und mehrmals recht rein abgewaschen; dann setze man sie in einem irdenen Topfe mit Wasser und etwas Salz auf's Feuer und lasse sie etwa in einer Stunde langsam weich kochen. (Alte Tauben müssen länger gekocht werden.) Man giebt sie mit Gräupchen, Sago, Nudeln, auch mit Petersilienbrühe und Semmelklößchen.

190. Tauben, gebraten und gefüllt.

Man wählt hierzu junge, fleischige Tauben, putzt und wäscht sie mehrmals rein und löst mit dem Finger die Haut von der Brust. Die Fülle zu zwei Tauben macht man auf folgende Art: Man rührt zwei Loth Butter zu Schaum, thut ein ganzes Ei und zwei Dotter, etwas Salz, ein wenig fein geschnittene Petersilie und geriebene Semmel, so viel als nöthig ist, hinein, wiegt die Leber fein und nimmt sie mit zur Fülle, rührt

Alles gut in einander und füllt damit die Tauben
unter der abgelösten Haut, sowie auch inwendig, und
näht die Oeffnungen zu. Nun läßt man in einem
Tiegel Butter hellbraun werden und läßt sie darinnen
zugedeckt unter öfterm Begießen schön weich braten.
So oft es nöthig ist, gieße man einen Löffel kochendes
Wasser hinzu.

Vor dem Anrichten vergesse man nicht, den Zwirn zu beseitigen.

191. Tauben, gebraten, mit Peterſilie.

Die Tauben werden bis zum Braten fertig vorgerichtet, dann inwendig mit ein wenig Salz ausgerieben
und mit gewaschener frischer Peterſilie vollgestopft. Nun
macht man Butter in einem Tiegel gelbbraun, legt die
Tauben mit der Brust zuerst hinein, wendet sie nach
einer halben Stunde, bestreut sie mit gestoßener Semmel und bratet sie noch vollends unter öfterem Beträu-
feln mit der eignen Brühe weich. Den Satz im Tiegel
kocht man mit ein wenig Fleischbrühe oder Wasser los.

192. Tauben, gedämpft.

Man spickt 4 ausgewaschene Tauben mit Speck und
wendet sie dann in Mehl um. Nun läßt man 8 Loth
Butter in einem Kasseroll schön gelbbraun werden, röstet
die Tauben darinnen braun, dann gießt man ein Nösel
Fleischbrühe darauf, thut 4 Nelken, 1 Zwiebel, ein wenig
Essig hinzu und läßt die Tauben damit weich kochen.
Dann verdickt man die Sauce mit Braunmehl und
schmeckt es mit Wein und Kapern ab.

193. Tauben wie Rebhühner zubereitet.

Wenn die Tauben rein gepußt sind, werden sie

eingefalzen; nun nimmt man in einen Topf zwei Theile
Waſſer und einen Theil Eſſig, thut Zwiebeln, Möhren,
Sellerie oder Peterſilienwurzeln, Lorbeerblätter, Wachholderbeeren, Thymian, Pfeffer und Neuewürze hinein,
deckt den Topf zu und läßt dieſes eine halbe Stunde
kochen; wenn es kalt iſt, ſo legt man die Tauben hinein und läßt ſie einen Tag darinnen liegen, dann ſpickt
man ſie mit feinem Speck und bratet ſie langſam in
hellbrauner Butter unter öfterem Begießen weich. Die
Beize, worinnen die Tauben gelegen haben, ſtellt man
warm und gießt während des Bratens, ſo oft es nöthig,
etwas davon zu den Tauben.

194. Tauben mit einem Guß.

Drei fertig zugerichtete Tauben werden roh zer-
theilt und in Butter faſt weich gedünſtet, hierauf rangirt
man ſie in eine irdene, tiefe, mit Butter ausgeſtrichene
Schüſſel. Nun nimmt man 1 Nöſel Brühe oder gute
Milch, quirlt vier Eidotter hinein, rührt etwas zerlaſſene
Butter, Salz und Muskatenblüthe und 4 Löffel geriebene
Semmel dazu, gießt dies über die Tauben, daß es gleich
ſteht, quirlt das Weiße von den Eiern zu Schnee und
ſchüttet es oben auf, bäckt es ½ Stunde lang in der
Röhre und giebt es dann mit einer um die Schüſſel
geſchlagenen Serviette auf den Tiſch.

195. Gans, gebraten.

Beim Einkauf der Gänſe hat man darauf zu ſehen, daß man
ein junges Thier bekommt. Die Füße müſſen blaß ausſehen und
ſich leicht zerreißen laſſen, der Ring um die Augenpupille muß
noch weiß, der Schnabel blaßgelb und die Gurgel ſich leicht zer-

drücken laffen. — Die alten Gänse hingegen haben dunkelgelbe
Füße, welche sich sehr schwer zerreißen laffen, der Schnabel ist
ganz dunkel und um die Augenpupille haben sie einen blauen oder
gelben Ring.

Die Gans muß, wenn man sie braten will, schon
einige Tage gehangen haben und Tags zuvor vollständig
gereinigt werden, indem man sie rupft, absengt, stoppelt,
in lauwarmem Wasser wäscht und dabei mit Mehl und
Salz abreibt, dann aufhängt, damit sie erkaltet, aber
nicht gefriert. Anderen Tags wird sie ausgenommen
und ausgewaschen und auf einer Bratenleiter mit der
Blume und den Gedärmefett, welches vorher gewässert
ist, in eine passende Bratpfanne gelegt, mit dem nöthigen
Salz bestreut, 4 Obertassen Wasser hinzugegossen, mit
einer passenden Stürze bedeckt und in die Bratröhre
gestellt. Man thut auch gern ein Stück Schweinefleisch
hinzu, wodurch das Fett etwas fester wird. Bei Gänse-
braten ist es geradezu unerläßlich, etwas abgebrühten
Beifuß mit in die Gans hineinzustecken, sie wird alsdann unter öfterem Begießen und Wenden, je nachdem
sie nun jung oder alt ist, gar und weich gebraten, und
zwar womöglich immer mit einer kurzen Brühe in der
Pfanne, und muß schon ½ Stunde vor dem Heraus-
nehmen aus der Röhre unbedeckt gebraten werden, damit die Haut schön hellbraun und knusprig werden
kann. Man füllt auch gern Borsdorfer Aepfel in die
Gans. Giebt die Gans sehr viel Fett von sich, so
kann man immer etwas abschöpfen und auch damit begießen. Wenn sie auf diese Weise fertig geworden ist,
wird sie nebst ihrer Brühe, von welcher man noch den
größten Theil Fett abnimmt, auf einer passenden Schüssel
angerichtet, wie nachstehende Zeichnung andeutet.

Um die regelrechte Art und Weise des Braten-
schneidens vollkommen anschaulich zu machen, ist vorstehende Zeichnung ganz so eingerichtet, daß man die
Gans nur von der Seite sieht, von wo aus sie ange-
schnitten werden muß. Auch ist besonders die Gans
ihres breiten Brusttheiles wegen zu dieser ausführlichen
Anleitung gewählt und man wird sich dann hierdurch
leicht bei anderm Geflügel zurechtfinden können. Es
ist gleichviel, auf welcher Seite der Gans man beginnt;
die beiden Linien a bezeichnen auf jeder Seite den ersten
Schnitt, und dieser muß so eingerichtet sein, daß zugleich
die Flügelgelenke durchschnitten werden, die beiden Linien
b bezeichnen auf jeder Seite den zweiten und die beiden
Linien c auf jeder Seite den dritten Schnitt. Auf
diese Weise fortzuschneiden, würde man durch einen
Knochen, von der Gestalt eines Sporns, der die Brust-
höhle deckt, gehindert sein. Die Linie d muß demnach
der vierte, und zwar ein Querschnitt sein, damit man
den mit Haut bedeckten, spornähnlichen Kochen, der bis
ziemlich an den sogenannten Hüpfauf reicht, davon
entfernt. Man befindet sich nun in der Höhe der
Brust und kann ungehindert in den beiden Linien e
auf jeder Seite als den fünften und die beiden Linien

f auf jeder Seite als den sechsten Schnitt vollführen.
Nun trennt man die Keulen ab und hat nun auf diese
Weise jedes Stück Fleisch, was sich dazu eignet, einem
Gast vorgelegt zu werden, von der Gans abgeschnitten;
es wäre demnach nur noch das Gerippe übrig, woran
sich zwar noch mancher gute Bissen befindet, den man
aber nur in aller Gemüthlichkeit im engern Familien=
kreise verzehren kann.

196. Gänseklein mit Gänseschwarz.

Man nimmt von der Gans den Kopf, den Hals,
die Flügel, die Füße und den gereinigten Magen, wo=
von die Haut abgezogen ist, hackt den Schnabel ab,
sticht die Augen aus, schneidet den Hals in 2 Theile,
und brüht Alles nochmals gut ab, setzt es in gesalzenem
Wasser an und läßt es so lange kochen, bis der Magen
weich ist.

Nun macht man eine schwarze Brühe auf folgende
Art dazu: Man quirlt das von der Gans mit ein
wenig Essig aufgefangene Blut noch einmal, und gießt
es durch einen Durchschlag; nun thut man etwas ge=
riebenen Pfefferkuchen, und von der Brühe, worin das
Gänseklein gekocht ist, soviel dazu, als nöthig, auch
etwas gestoßene Nelken und Neuwürzkörner hinein, läßt
es unter stetem Quirlen aufkochen und schmeckt es mit
Essig und Zucker ab.

Hierzu giebt man vorzugsweise Kartoffelklöße.

197. Gänseklein mit Reis.

Hierzu nimmt man dasselbe von der Gans, wie
beim Gänseschwarz und läßt es in gesalzenem Wasser
weich kochen. Ist es bald weich, so brüht man ½ Pfund

Reis mehrmals mit kochendem Waſſer ab, ſetzt ſolchen dann mit kaltem Waſſer zu und wenn er gequollen iſt, ſo gießt man nach und nach die nöthige Brühe von dem Gänſeklein dazu. Beim Anrichten reibt man Muskate beliebig darüber.

Man achte darauf, daß der Reis nur langſam ausquillt, damit er ganz und ſchön körnig bleibt.

198. Gänſeleber, gebraten.

Wenn die Leber aus der Gans genommen iſt, wird ſie ſauber abgewaſchen, dann in warme Milch gelegt und mit geſtoßenem Pfeffer beſtreut. Man läßt ſie nun 2 Tage ſtehen und gießt während dieſer Zeit einige Male andere warme Milch darauf, wäſcht ſie dann rein ab, macht in einem Tiegel etwas Butter hellbraun, thut ſie nebſt einigen Scheibchen Zwiebeln, ein wenig Citronenſchale und 2 ganzen Nelken hinein, deckt ſie zu und läßt ſie auf beiden Seiten langſam weich braten. An die Brühe drückt man etwas Citronenſaft und ſtreut ein wenig geriebene Semmel darüber. Man giebt ſie mit kleinen, gebratenen Kartoffeln oder Compots.

199. Ente, gebraten.

Wenn man die 1 oder 2 Tage vorher geſchlachtete Ente ausgenommen, geſengt, abgewaſchen und mit Mehl und Salz abgerieben hat, ſo wird ſie alsdann im Uebrigen genau wie die Gans Nr. 195 gebraten und dann mit ihrer Brühe, von welcher man niemals durch das Zugießen heißen Waſſers zuviel machen darf, weil ſie dann zu matt ſchmeckt, aufgetragen. Hierzu giebt man vorzugsweiſe die beliebten Krautklöße Nr. 375.

200. Ente, gedämpft.

Die rein gemachte Ente wird in Butter fast weich gedünstet, dann gießt man etwas Fleischbrühe dazu, etwas Weißwein, Zwiebel, 4 ganze Nelken, zwei ausgegrätete und gewiegte Sardellen und braunes Mehl, und läßt dieses zusammen eine Viertelstunde kochen. Hierauf legt man die Ente heraus, streicht die Sauce durch, schmeckt sie ab mit Kapern, Essig und Zucker und richtet sie mit der Ente an.

b. Wildes Federvieh.

201. Fasan, gebraten.

Der Fasan wird gerupft, gesengt, ausgenommen und wenn er überall recht rein abgeputzt ist, in kaltem Wasser ausgewaschen und in die nachstehende Façon zum Braten gebracht, worauf man ihn auf beiden Brustseiten mit fein geschnittenem Speck recht fein und dicht spickt und nebst 12 Loth frischer Butter, 1 Obertasse voll Wasser und etwas Salz in eine passende Bratpfanne legt, mit einer passenden Stürze überdeckt in die heiße Bratröhre stellt und darin, wie die jungen Hühner

unter häufigem Begießen in ³/₄ Stunden gar bratet,
wobei man die Brühe durchaus nicht anbrennen, son=
dern nur hellbraun werden laffen darf. Man nimmt
ihn dann aus der Bratröhre, richtet ihn auf einer paffen=
den Schüffel an und giebt ihn, ausgestattet mit den

längsten seiner Schwanzfedern, die man deshalb zurück
behält, sowie mit seinem Kopf, den man mit einer
Kraufe von buntem Papier verziert, wie aus vorstehen=
der Zeichnung zu erfehen ist, nebst recht wenig Brühe
apart auf den Tisch.

Beim Zertheilen deffelben richtet man sich, mit
Berückfichtigung seiner Größe und Stärke, nach der
Zeichnung wie bei der Gans Nr. 195 angegeben ist.

202. Rebhühner, gebraten.

Man muß stets darauf bedacht sein, hierzu nur junge Reb=
hühner zu verwenden; auch sind sie leicht zu erkennen. Die über
ein Jahr alten Rebhühner haben graue Füße, ja wenn sie noch
älter sind, so werden die Füße förmlich filbergrau, während junge
Rebhühner gelbliche Füße haben. Alte Rebhühner, obgleich sie
äußerst kräftig sind, paffen nicht zum Braten.

Sie werden gerupft, gesengt, ausgenommen und
rasch in kaltem Waffer ausgewaschen. Man kann sie
entweder auf beiden Brustseiten fein spicken, oder man
bedeckt die Brust mit einer handgroßen und breiten,
dünnen Speckscheibe, welche man mit Bindfaden fest

bindet; dann mit ein wenig Salz inwendig ausgerieben. Nun macht man Butter in einem passenden Kasseroll hellbraun, legt die Rebhühner hinein, deckt es zu und läßt sie in der heißen Bratröhre, unter öfterm Begießen in etwa einer Stunde weich braten. Sobald es nöthig ist, gieße man jedesmal einen Löffel (oder mehrere, je nachdem man Rebhühner hat) kochendes Wasser hinzu. Die Brühe muß immer kurz in der Pfanne sein und beim Anrichten hellbraun aussehen.

203. Haselhühner, gebraten.

Die Haselhühner sind den Rebhühnern so ähnlich und verwandt, daß man in jeder Beziehung auf Behandlung und Zubereitung nach der bei den Rebhühnern angegebenen Weise damit verfahren kann.

204. Wilde Ente, gebraten.

Die mehrere Tage vorher geschossene wilde Ente, die besonders zum Braten recht stark im Fleisch und Fett, aber auch dabei noch jung sein muß, wird, wenn man sie ausgenommen, recht sorgfältig gereinigt und gewaschen hat, genau wie die zahme gebratene Ente Nr. 199 behandelt, nur läßt man den Beifuß weg.

Die junge, wilde Ente reift sehr schnell, in sechs Wochen ist sie schon völlig entwickelt und genießbar.

205. Krammetsvögel, gebraten.

Diese Zugvögel werden nur im Herbst und haupt=
sächlich in den Weinbergen gefangen. Auch sind es
mehrere Gattungen, als Drosseln, Zippen,
Zimmer und Krammetsvögel, und fast alle
gleicher Größe. Sie werden bis an den Kopf gerupft
und von da die Haut mit den Federn über den Kopf
gezogen, die Augen nebst dem Unterschnabel entfernt
und wenn man sie recht rein abgeputzt, die Füße zu=
sammengeklappt, den einen durch den andern gesteckt
und auf einer beliebigen Seite der Kopf daran befestigt.
Sind sie jung und frisch, so werden sie nicht ausge=
nommen, sondern nur wenn sie lange gelegen haben.
Man legt sie in ein passendes Kasseroll mit viel brauner
Butter, die man zuvor mit einigen gequetschten Wach=
holderbeeren vermengt und abgeschmeckt hat und bratet
sie darin, zugedeckt, unter mehrmaligen Umdrehen weich.
Alsdann richtet man sie an.

206. Gebratene Lerchen.

Die fettesten Lerchen sind die besten und wohl=
schmeckendsten; sie werden von ihren Beinen und Flü=
geln befreit und dann recht rein gerupft und abgeputzt,
wobei man ihnen die Haut mit den Federn über den
Kopf zieht, die Augen aussticht, dann mit einem leine=

nen Tuche rein abwischt, und sie nun, ohne sie auszunehmen, zu 6—8 Stück an hölzerne oder blecherne Lerchenspießchen quer unter den Flügeln durchsticht,

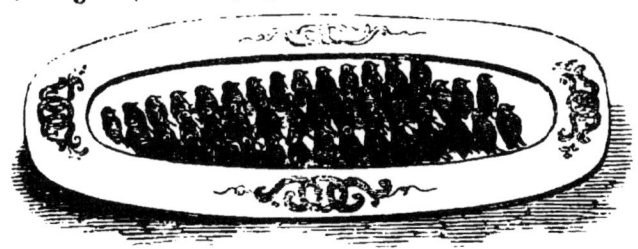

hierauf in eine Pfanne legt, in welcher man viel frische Butter hat braun werden lassen, mit Salz bestreut und unter öfterem Umwenden von beiden Seiten in 12—15 Minuten, recht langsam, weich und ein wenig braun braten läßt. Man kann natürlich mehrere solche Reihen auf einmal braten und richtet sie dann nach folgender Zeichnung auf einer passenden Schüssel an,

zieht die Spießchen heraus und bedeckt die Lerchen mit viel brauner Butter.

Man giebt hierzu Schmorkartoffeln, oder gekochte Kartoffeln mit der Schale.

207. Schnepfen, gebraten.

Nachdem die Schnepfen einige Tage in frischer Luft gehangen haben, werden sie gerupft, gesengt und ausgenommen, aber nicht gewaschen, sondern nur mit einem Tuche von außen abgewischt. Man bringt sie dann in die nöthige Façon, indem man den Schnabel durch beide Keulen sticht. Das Eingeweide wird, wenn man den Magen und die Galle davon entfernt hat, mit dem

Wiegemesser so fein, als nur immer möglich, geschnitten
und dann nach Verhältniß mit eben so viel frischer
Butter und eben so viel geriebener Semmel und ein
wenig Salz zu einem ganz feinen Teig vermengt, den
man auf Semmelscheibchen recht glatt streicht, selbige
auf einem, mit Butter bestrichenen Kasserollbeckel legt
und kurz vor dem Gebrauch der Schnepfen in der heißen Röhre in 10—12 Minuten gar bäckt. Die Brust
der Schnepfen wird mit einer handbreiten und großen,
dünnen Scheibe feinen Specks bedeckt und mit Bindfaden befestigt. Sie werden alsdann in eine passende
Bratpfanne gelegt, mit Salz bestreut und mit einer
Stürze sorgfältig bedeckt, mit hinreichend frischer Butter
und einer Obertasse voll Wasser in die heiße Bratröhre
gestellt, worin man sie unter öfterem Begießen in einer
kleinen Stunde weich braten läßt.

Wenn sie aus der Bratröhre genommen sind, werden sie von dem Bindfaden befreit und nebst den erst
gebackenen Schnepfenbrödchen auf einer passenden Schüssel
angerichtet, und nebst ihrer wenigen, aber sehr kräftigen
Brühe auf den Tisch gegeben.

208. Auer= oder Birkhahn zu braten.

Wenn der Auerhahn gerupft und ausgewaschen ist,
so wird er mit gestoßenen Wachholderbeeren, Basilicum
und Rosmarinkraut eingerieben und läßt ihn eine Stunde

damit liegen; dann wird von Wein, Essig, Zwiebeln
und Lorbeerblättern eine Beize gemacht und siedend
darüber gegossen. Ist der Auerhahn alt, so muß er
4, 6—8 Tage darin liegen, ist er jung, so ist er in
einem Tage genug gebeizt; dann spickt man ihn mit
Speck und Nelken, legt ihn auf eine flache Bratenleiter
in die Pfanne, stellt diese in die heiße Bratröhre und
bratet ihn, zugedeckt, langsam unter öfterem Begießen
mit zerlassenem Speck. Von dem Abgeträufelten und
von der Beize macht man mit Sardellen eine kurze
Sauce, legt den Hahn auf eine Schüssel, ziert ihn mit
Citronenscheibchen und giebt die Sauce apart dazu.

209. Wachteln zu braten.

Die Wachtel hat in der Gestalt, der Lebensart und
dem Gefieder viel Aehnlichkeit mit dem Rebhuhn; doch
ist sie viel kleiner und hat kürzere Füße. Man bratet
sie auf gleiche Weise wie die Krammetsvögel Nr. 205.

210. Sperlinge zu braten.

Diese Schelme sind im Herbst und zu Anfang des
Winters am fettesten, und dann auch recht gut zu essen.
Vor allen Dingen muß man sie sich aber erst einge=
fangen haben, was bei diesen listigen Burschen nicht
ganz leicht ist, dann reißt man ihnen ohne weitere
Complimente die Köpfe ab, nimmt Gurgel und Kropf
heraus, rupft sie sorgsam und wischt sie mit einem lei=
nenen Tuche sauber ab; nun werden sie in brauner
Butter gebraten und mit Schmorkartoffeln oder Kar=
toffeln in der Schale gegessen. Will man von diesem
Gericht satt werden, so braucht man nur recht fleißig
Kartoffeln zuzulangen.

Wildpret.

Nr. 1. Der Ziemer. Nr. 2. Der Rücken. Nr. 3. Die Keule. Nr. 4. Das Blatt. Nr. 5. Die Brust. Nr. 6. Der Hals.

Alles frische Wildpret muß mindestens 1 bis 2 Tage an der frischen Luft hängen, damit das Fleisch sich vollkommen gesetzt hat, ehe man es zum Braten oder Kochen verwendet. Sehr häufig wird aber auch der Fehler begangen, solches durch die Zugluft schön vorbereitete Fleisch durch zu langes Auswässern seines besten Fleischgeschmackes zu berauben; denn es schmeckt dann fade und schlecht. Man darf solches Fleisch nur so lange im Wasser baben, als zum Abwaschen nöthig ist.

Fast alles Wildpret, was man beim Wildprethändler zu kaufen bekommt, ist in der Regel so alt, daß man es ohne Bedenken verbrauchen kann.

Das Wildpret ist gut im September, October, November, December und Januar.

211. Wildpret zu kochen.

Man wäscht das zum Kochen bestimmte Fleisch mehrmals in kaltem Wasser aus, setzt es dann mit Wasser nebst Salz, Gewürz und Wurzelwerk zum Kochen an's Feuer, schäumt es sorgfältig dabei ab und läßt es so lange kochen, bis es weich ist, alsdann nimmt man es heraus und läßt es verkühlen. Während dem röstet man in Butter mehrere Eßlöffel voll Mehl dunkelgelb, thut mehrere in Scheiben geschnittene Zwiebeln dazu und wenn auch die Zwiebeln einige Minuten darin geschwitzt haben, so füllt man es mit so viel von der Brühe, worin das Wild gekocht worden ist, und etwas Essig auf, als man glaubt zu gebrauchen, und läßt es zu einer bündigen, seimigen Brühe verkochen. Während dieser Zeit schneidet man das Fleisch in beliebige Stücken, indem man die Knochen davon entfernt, und füllt dann die Brühe, die man sorgfältig mit Salz und etwas auf Zucker geriebener Citronenschale abgeschmeckt hat, auf das Fleisch und richtet es recht heiß auf einer Schüssel an.

212. Hirschbraten.

Kann man es haben, so nimmt man das Mittel= stück vom Rücken, außerdem Ziemen oder Keule, wäscht es rein ab und entfernt die etwa daran haftenden Haare, nun wird es gut und glatt gehäutet und mit Speckstreifen sorgsam gespickt; ist es Keule, und solche etwa sehr groß, so nehme man den Knochen heraus, und theile sie in die 4 Hauptmuskeln, dann spicke man

8*

sie auf beiden Seiten, besonders wenn man sie kalt aufschneiden will. Hierauf legt man den Braten in eine passende Pfanne auf eine Bratenleiter, gießt viel steigende Butter darüber, streut Salz darauf, deckt ihn gut zu und läßt ihn, unter öfterem Begießen, 3—4 Stunden braten. Sollte es zu sehr einbraten, so muß man etwas kochendes Wasser nachgießen. Ist der Braten schön weich, so nimmt man ihn aus der Pfanne, schöpft das Fett davon und kocht den Satz mit ½ Nößel heißen Wassers los.

213. Hirschbrust.

Die Hirschbrust wird mehrere Male rein gewaschen, eingeknickt und 5 Minuten in Wasser gekocht, nochmals gewaschen und die weißen Knochen herausgemacht, nun wird sie mit Wasser, Gewürz, Kräutern, Salz und Essig zwei Stunden gekocht, bis sie weich ist, und dann heraus genommen. Hierauf verkocht man die Wildbretsbrühe mit braun geröstetem Mehl und gießt es durch einen engen Durchschlag, thut Citronenschale, Kapern, Essig, Wein und Zucker dazu, läßt Alles zusammen nochmals aufkochen und legt die Brust wieder hinein.

214. Hirschleber.

Die Leber wird, wenn man sie ¼ Stunde gekocht hat und wieder erkaltet ist, gerieben. Dann schwitzt man in 4 Loth steigender Butter eine geriebene Zwiebel, schlägt 4 Eier dazu und macht ein leichtes Rührei, welches man mit der geriebenen Leber vereinigt; hierauf schlägt man noch 3 Eier dazu, 2 Loth kleine Rosinen, 4 Löffel geriebene Semmel und 2 Löffel geriebenes Brod, würzt diese Masse mit Cardamomen und Mus-

kate und bäckt sie in einem mit Speck belegten Kasseroll
in einer halben Stunde fertig.

Hierzu giebt man Aprikosen= oder Aepfelmuß, wel=
ches mit Wein verdünnt ist.

215. Rehrücken zu braten.

Der Rücken wird recht correct und egal behauen,
damit keine Knochen hervorragen und er überall scharfe
Grenzen hat, alles Unsaubere abgeschabt und die daran
klebenden Haare sorgfältig beseitigt, mit einem spitzigen,
dünnen Messer recht sauber abgehäutet, und dann auf
jeder Seite in zwei= oder dreifacher Reihe, und zwar
mit ganz fein geschnittenem Speck gespickt, hierauf in
kaltem Wasser, besonders aber an der innern Seite
sorgfältig gewaschen, dann auf die innere Seite in eine
töpferne Bratpfanne gelegt, die sowohl in ihrer Länge
als Breite ganz für ihn paßt, mit etwas Salz bestreut,
eine Obertasse Wasser und ein halb Pfund frische Butter
dazu gethan, mit einem mit Butter bestrichenen Papier
gänzlich überdeckt in die heiße Bratröhre gestellt und
daselbst unter öfterem Begießen und steter Aufmerksam=
keit, daß die Brühe davon nicht verbrennt, sondern sich
nur hellbraun am Boden ansetzt, indem man, wenn sie
eingekocht ist, immer wieder ein wenig warmes Wasser
zugießt, in etwa einer Stunde bei gleichmäßiger Hitze
gar gebraten, wobei man 6—10 Minuten vorher das
Papier davon abnehmen kann, damit der Speck durch
die Hitze ein wenig Farbe bekommt. Man nimmt ihn
alsdann aus dem Ofen und aus der Bratpfanne heraus
auf ein Fleischbret, auf welchem man ihn zerschneidet,
und zwar auf folgende Weise: die beiden Fleischseiten
werden ganz von dem Rückenknochen losgeschnitten,

schräg in fingerdicke Scheiben getheilt und wieder in
ihre ursprüngliche Form auf dem Rückenknochen gelegt,
damit der Rücken aussieht, als sei er noch ganz.

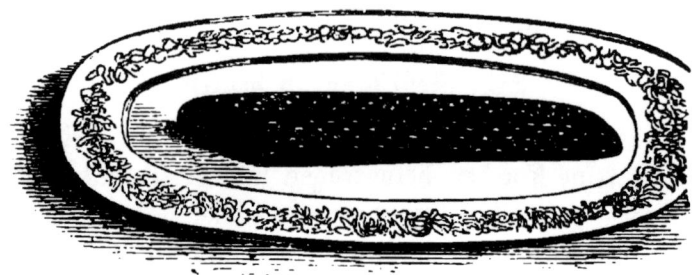

Auf einer passenden langen Schüssel angerichtet,
wird er mit der Bratenbrühe, die man mit ganz wenig
kochendem Wasser, womit man die Bratpfanne aus=
kocht und losrührt, recht heiß auf den Tisch gegeben.

Man darf· die Fleischseiten von dem Rücken nicht eher los=
schneiden und theilen, bis der Braten überhaupt gleich angerichtet
wird, weil er geschnitten nicht mehr warm gestellt werden darf,
indem er dadurch seinen Saft gänzlich verliert.

216. Rehkeule, gebraten.

Die Rehkeule wird hierzu von dem daran befind=
lichen Bein im Gelenke getrennt, auf allen Seiten recht
sauber und fein gehäutet, mit ganz fein geschnittenem
Speck recht dicht und zierlich gespickt, alsdann in kaltem
Wasser abgewaschen und in einer kleinen, hierzu passenden
töpfernen Bratpfanne mit Salz, 12 Loth frischer Butter
und ein wenig Wasser, mit einer gut passenden Stürze
bedeckt, in die heiße Bratröhre gestellt und darin unter
öfterem Begießen bei gleichmäßiger Hitze, je nachdem
sie nun jung oder alt ist, weßhalb man sie beim Braten
untersuchen muß, in $1\frac{1}{2}$ Stunde gar gebraten, indem

man mehrere Minuten vor dem Anrichten derselben die
Stürze abnehmen kann, um dem Speck etwas Farbe
zu geben. Sie wird alsdann aus der Pfanne heraus=
genommen, auf einer passenden langen Schüssel ange=
richtet und mit der Brühe, die man mit ein wenig
kochendem Wasser von der Pfanne losrührt und kocht,
in einer Sauciere auf den Tisch gegeben. Da die Reh=
keule ein Braten ist, der sich vor den Augen der Tisch=
gäste zierlich und nett zerschneiden läßt, so giebt man
ihn ganz auf den Tisch und schneidet ihn immer auf
der dicken Fleischseite, an dem Ende des Knochens, wo
man selbigen im Gelenke durchschnitten hat, zuerst an
und fährt auf dieser Seite fort, bis man so viel davon
geschnitten hat, als man braucht.

217. Rehleber.

Die Rehleber wird ganz so wie die Hirschleber
Nr. 214 behandelt, auch gern gedämpft, wie die Kalbs=
leber Nr. 154.

218. Wilder Schweinsbraten.

Hierzu nimmt man gern Rücken, putzt alles Un=
saubere und die daran hängenden Haare davon ab und
wäscht es rein. Hierauf legt man eine Leiter in die
Pfanne und den Rücken darauf, salzt ihn stark, thut
Gewürz, Zwiebel, einige Wachholderbeeren und etwas
Essig und Wasser dazu, setzt ihn dann, zugedeckt, in die
heiße Bratröhre. Nun kommt es darauf an, ob das
Fleisch von einem jungen oder alten Schweine ist und
muß man es, während es gebraten wird, mehrmals
untersuchen, auch die Flüssigkeit in der Bratpfanne dar=
nach einrichten, weil man dieses Fleisch wenigstens eine

Viertelstunde vor dem Anrichten unbedeckt braten lassen muß, damit das auf dem Fleische befindliche Fett eine leichte, gelbe Kruste erhält und die Brühe auf dem Boden der Pfanne so kurz einkochen und sich anhängen muß, daß, wenn man ein wenig Wasser zugießt, selbiges sich sofort hellbraun färbt, womit man den Braten begießt und ihn alsdann auf einer passenden Schüssel anrichtet und mit recht kräftiger Brühe in einer Saucière apart auf den Tisch giebt.

219. Wildschweinskeule, gebraten.

Es kommt hierbei auf die Stärke und Größe der Keule an, auf welche Weise man sie zubereitet. Ist sie schwach und klein, dann hat sie auch wenig Fett und muß sorgfältig gehäutet, von allen Seiten fein und dicht gespickt, wie die Rehkeule Nr. 216 gebraten werden; und ist sie groß und stark, so wird sie, wie die Hirschkeule (s. Hirschbraten Nr. 212) behandelt und ebenfalls gespickt.

220. Frischling.

Frischling wird wie ein Hase hergerichtet, dann gut abgehäutet, mit Speck gespickt und mit Butter in der Röhre gebraten.

221. Hasenbraten.

Beim Einkauf eines Hasen, welche beim Wildprethändler gewöhnlich schon fertig ausgeworfen sind, überzeuge man sich, ob das Fleisch schön roth und pockenfrei ist. Wenn es schwärzlich ist, und die Augen trocken und eingefallen sind, so kaufe man den Hasen lieber nicht, vorzüglich dann nicht, wenn sich Höhlungen und Vertiefungen (sichere Spuren von Pocken oder Bläschen) im

Fleische befinden. An der Lunge und Leber zeigen sich die Pocken oder Bläschen am deutlichsten.

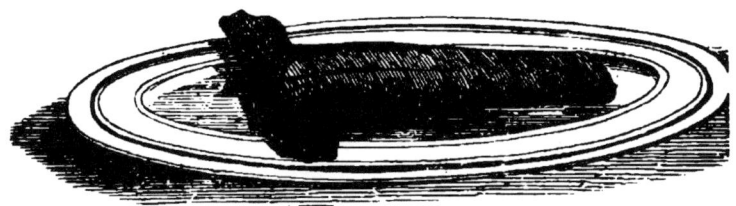

Der Hase wird, wenn man die Haut von ihm ab=
gestreift hat, einige Male gewaschen, dann gehäutet
und gespickt, in die Pfanne, in der man vorher 8 Loth
Butter gelbbraun gemacht hat, auf eine flache Leiter
erst auf den Rücken gelegt, mit Salz bestreut, zugedeckt,
und so ³/₄ Stunde unter öfterm Begießen braten lassen,
dann der Hase gewendet, mit geriebenem Zwieback be=
streut, mit brauner Butter oder saurer Sahne begossen,
und die Sauce kurz vor dem Anrichten mit ein wenig
Kartoffelmehl abgezogen.

Sollte die Brühe in der Pfanne während des Bratens
zu kurz eingekocht sein, so gießt man von Zeit zu Zeit
eine Obertasse heißeu Wassers dazu.

222. Hase, gedämpft.

Wenn man einen Hasen abgezogen, gehäutet und
recht fein und dicht gespickt hat, so theilt man ihn
gleich roh in beliebige Portionstücken, die man mit
dem Messer vorschneidet und mit dem Hackemesser durch=
schlägt, und legt dann diese Stücken in ein passendes
Kasseroll, in welchem man ein Stück Butter hat zer=
gehen lassen, thut eine Zwiebel, eine zerschnittene Citrone,
etwas Salz und mehrere gestoßene Wachholderbeeren
dazu, deckt das Kasseroll sorgfältig mit einem Deckel zu

und stellt es auf gelindes Feuer, worauf man sie unter häufigem Begießen vielleicht in einer Stunde weich dünsten läßt. Letzteres kommt natürlich sehr darauf an, ob man einen jungen oder alten Hasen dazu genommen hat. Wenn die Stücken weich geworden sind, richtet man sie auf einer tiefen Schüssel an, läßt in dem Kasserol mit der zurückgebliebenen Brühe von dem Hasen etwas Fleischbrühe und 1 Löffel braunes Mehl einige Minuten aufkochen, füllt diese, wenn man sie mit Salz abgeschmeckt hat, durch ein Haarsieb und giebt sie dann entweder über den Hasen oder apart angerichtet recht heiß und mit Salzkartoffeln auf den Tisch.

223. Hasenklein.

Das Hasenklein besteht aus den Schulterblättchen, dem Halse, dem Kopfe (von welchem die Augen ausgestochen sind, und der Schlund herausgemacht ist), dem Herzen, der Lunge und der Leber, wovon die Galle beseitigt ist.

Man wäscht das Hasenklein einige Male ab, setzt es mit Wasser, Essig (oder Wein), Salz, Nelken, Lorbeerblatt, Zwiebel und Pfefferkörner auf's Feuer und läßt es langsam weich kochen; dann röstet man würflig geschnittenen Speck braun, thut einige Löffel Mehl und etwas geschnittene Zwiebel hinein und dünstet es, bis es schön hellbraun ist, nun gießt man die Brühe von dem Hasenklein durch ein Sieb hinzu, rührt es gut um, thut den Saft von einer Citrone, Gurken, Kapern, gekochte, geschnittene Kartoffeln dazu und läßt diese Brühe noch einmal aufkochen, schmeckt sie dann mit Essig und Zucker ab und gießt sie über das Hasenklein, wenn man vorher die etwa daran hängen gebliebenen Gewürze beseitigt hat.

224. Kaninchen.

Das Kaninchen wird wie der gedämpfte Hase Nr. 222 behandelt; manche ziehen es jedoch mit einer säuerlichen Brühe, wie Hasenklein gekocht, dem gedämpften vor.

Fische.

In der Laichzeit sind die Fische weder gesund, noch schmackhaft. Hecht laicht im Februar bis April: Karpfen im Mai bis Juli, auch noch im August. Barsch im März und April. Barbe im Mai und Juni. Schleie im Mai bis Juli.

Aal und Lachs kann man auch in der Laichzeit essen.

Die Krebse sind nur in den Sommermonaten gut und wohlschmeckend, daher man sie nach einer alten Regel nur in den

Monaten gebraucht, in welchen der Buchſtabe r fehlt, während
welcher Zeit man dagegen keine Karpfen eſſen ſoll, da dieſelben
erſt wieder in den Monaten mit dem Buchſtaben r gut und wohl=
ſchmeckend werden.

225. Karpfen blau.

Den Karpfen tödtet man, indem man ihn auf ein
naſſes Küchenbret legt, damit der Schleim nicht abgeht
und daran kleben bleibt, und mit der flachen Klinge
eines Hackemeſſers einen derben Schlag auf den Kopf,
über welchen man ein Tuch gelegt hat, giebt, und dann
den Bauch vom Hals aus nach dem Schwanze zu be=
hutſam aufſchneidet, um die Eingeweide vorſichtig heraus
nehmen zu können, damit man die Galle nicht verletzt.
Er wird alsdann der Länge nach in zwei gleiche Hälften
getheilt, indem man ihn gleich hinter dem Kopfe mit
einem ſtarken Meſſer von innen durchſticht, und zwar
ſo, daß man mit der Klinge auf dem Rückgrat hin ſo=
wohl nach dem Schwanze zu, als auch dann den Kopf
in 2 gleiche Theile ſchneidet. Dieſe beiden Hälften werden
dann, 2, 3 oder 4 Mal durchſchnitten, nebſt dem Rogen
oder der Milch in kaltem Waſſer vorſichtig gewaſchen,
damit der an den Schuppen befindliche Schleim nicht
abgerieben wird, und von dem Blute befreit, auf eine
breite Schüſſel mit der Schuppenſeite nach oben gelegt
und mit heißem Eſſig übergoſſen, damit ſie ſchön blau
werden. Alsdann werden die Stücke wieder umge=
wendet, damit die Schuppenſeite nach unten kommt,
und auf einmal in kochendes Salzwaſſer, welches man
mit ganzem Pfeffer, Neuewürze und Lorbeerblatt, nebſt
einigen Zwiebeln ¼ Stunde lang verkocht hat, ge=
ſchüttet, und darin auf raſchem Feuer in 4—8 Mi=
nuten weich gekocht, wobei man den Schaum abnimmt

und dann den Karpfen vom Feuer absetzt und im Sud
zugedeckt noch stehen läßt. Er wird alsdann mit dem
Schaumlöffel behutsam herausgenommen, auf einer
Schüssel angerichtet, und mit gereinigter Petersilie verziert auf den Tisch gegeben.

Viele lieben frische Butter, manche braune Butter,
auch Essig und Oel wird von Vielen dazu genommen,
am häufigsten aber wird geriebener, kalter Meerrettig,
mit geriebenen Aepfeln und Zucker vermischt, dazu genossen, obgleich auch wieder Andere warmen Meerrettig
vorziehen.

Das Blaumachen mit Essig ist nicht allemal anzurathen, denn
mancher Fischliebhaber will durchaus nichts vom Essigbegießen
wissen und den Karpfen nur in Salzwasser mit Gewürzzuthaten
gekocht essen, da der Karpfen durch den Essig seinen feinen Fleisch-
geschmack verliert.

226. Karpfen, polnisch.

Wenn man den Karpfen durch einen Schlag mit
dem Hackemesser auf den Kopf getödtet hat, schneidet
und putzt man ihm von allen Seiten die Schuppen ab,
schneidet ihn auf und nimmt ihn aus, wie vorstehend
bei Karpfen blau gesagt ist, salzt dann sofort die
Stücken auf beiden Seiten ein und läßt sie in einer
irdenen Schüssel 2 Stunden liegen, wobei man sie dann
und wann einmal herumschwenkt. Während dieser Zeit
schneidet man Zwiebel, Sellerie, Möhre in feine Scheibchen, welche man in Butter mehrere Minuten dünstet;
gleichzeitig muß man etwas Mehl in Butter dunkelbraun rösten, was man dann mit Weißbier oder Gose
auffüllt und nebst Pfefferkörner, Neuewürze, Lorbeerblatt
und dann mit den in Butter gedünstetem Wurzelwerk

einige Zeit verkochen läßt, ſo daß es weder eine dicke,
noch dünne Brühe iſt. Wenn dieſes Alles vorbereitet
iſt und der Karpfen einige Stunden in Salz gelegen
hat, ſo trocknet man Stück für Stück mit einer Serviette
rein von allen Salz- und Bluttheilen ab und legt ihn
nebſt den zuvor in Salzwaſſer gekochten Rogen oder
der Milch in ein töpfernes Kaſſeroll, auf deſſen Boden
man ein Weinglas Rothwein und ein Weinglas Eſſig
gegoſſen, auch ein wenig geſchnittene Citronenſchale
nebſt einer kleinen Zwiebel mit Nelken geſpickt gethan
hat und läßt das mit Weißbier oder Goſe verkochte,
braune Mehl durch ein Sieb darüber laufen, ſetzt ihn
an's Feuer, damit er bald ankocht und läßt ihn dann
eine halbe Stunde langſam fortkochen, während welcher
Zeit man ihn abſchmeckt, und wenn die Brühe dick
genug iſt, ein wenig Zucker, wenn ſie aber dünn ſein
ſollte etwas geriebenen Pfefferkuchen dazu thut. Je
länger der Karpfen auf langſamem Feuer oder nur
warm in ſeiner Brühe ſtehen bleiben kann, deſto ſchmack-
hafter wird er ſein. Beim Anrichten auf einer tiefen,
runden Schüſſel hebt man die Stücke mit einem Schaumlöffel behutſam heraus und giebt ſie nebſt der darüber
gegoſſenen Sauce auf den Tiſch.

227. Barſch.

Die Barſche werden ebenfalls durch einen Schlag
auf den Kopf getödtet, alsdann nur am Bauche geſchuppt und ausgenommen, aber ſo, daß der Rogen
darin zurückbleibt. Hierauf werden ſie gewaſchen und
in kochendem Salzwaſſer, nebſt Gewürze und Zwiebel,
weich gekocht. Wenn dieß geſchehen und ſie einigermaßen verkühlt ſind, nimmt man ſie aus dem Fiſch-

waſſer heraus, befreit ſie von der Schuppenhaut, richtet
ſie auf einer paſſenden Schüſſel an, und gießt folgende
holländiſche Sauce darüber: Zwei Eßlöffel voll
weißes Mehl rührt man mit etwas Weineſſig und
Waſſer in einem Kaſſeroll glatt, giebt 3 Eidotter, etwas
Citronenſchale, eine kleine Zwiebel, 6 Loth friſche Butter
dazu, und rührt Alles durch einander. Nun füllt man
ſo viel von dem Fiſchwaſſer dazu, als man Sauce
braucht, läßt ſelbige auf dem Feuer unter fortwährendem Umrühren kochend heiß werden, ſchmeckt ſie ab
ſtreicht ſie durch ein Sieb. Sie muß dicklich oder
bündig ſein.

228. Barbe.

Die großen Barben, welche 2—3 Pfund wiegen,
ſind den kleineren vorzuziehen. Wenn man ſie recht
rein geſchuppt, ausgenommen und gewaſchen hat, werden ſie in 4 Minuten in kochendem Salzwaſſer mit
Eſſig, Gewürze und einigen Zwiebeln gar gekocht. Sie
werden dann mit Peterſilie auf einer paſſenden Schüſſel
angerichtet und mit zerlaſſener Butter auf den Tiſch gegeben; oder man giebt ſie wie der Barſch mit holländiſcher Sauce.

Auf dieſe Art werden alle ſogenannten Speiſefiſche, nament-
lich Weißfiſche, Tirbel, Rothauge, Giſe, Dickfiſch u. dgl. zubereitet.

229. Aal, blau.

Den lebenden Aal greift man mit einem leinenen
Tuche hinter dem Kopfe an, um ihn feſt zu halten,
und tödtet ihn durch einen Schlag auf den Kopf, ſchneidet denſelben alsdann vorſichtig auf, damit man die
Galle, die einen Finger breit dahinter dicht an der

Haut ſitzt, nicht verletzt, nimmt ihn rein aus, wäſcht
ihn in kaltem Waſſer gut ab, läßt ihn eine Stunde
darin liegen, nimmt ihn dann heraus auf ein Bret,
auf welchem man ihn in beliebige Stücken zerſchneidet,
ſelbige auf ein breites Geſchirr legt und mit kochendem
Eſſig übergießt, damit ſie ſchön blau werden. Dann
mit dem Eſſig, mit welchem man ihn blau gemacht
hat, in kochendes Salzwaſſer gethan, in welches man
vorher ſchon eine Zwiebel und einen Salbeizweig gethan hat, und in 15—20 Minuten langſam darin gar
gekocht, während man ihn dabei ſorgfältig abſchäumt,
alsdann vom Feuer wegſetzt und mit einem Blatt Papier überdeckt.

Man richtet ihn auf einer Schüſſel an, die man
mit gereinigter Peterſilie und Citronenſcheibchen verziert, und giebt ihn mit holländiſcher Sauce, wie bei
Barſch Nr. 227 auf den Tiſch.

Hat man Schweinefleiſchbrühe, ſo nehme man ſolche ſtatt
des Salzwaſſers und koche den Aal darin, er wird dadurch be-
ſonders ſchön locker.

230. Aal, marinirt.

Hierzu wird der Aal, wenn er getödtet und ausgenommen iſt, in beliebige Stücke geſchnitten, in kaltem
Waſſer rein abgewaſchen, auf einer flachen Schüſſel mit
kochendem Eſſig blau gemacht und in nicht zu viel
Salzwaſſer, ſondern nur, daß er damit bedeckt iſt, einem
Waſſerglas voll Weineſſig, viel Gewürze und Wurzelwerk, ſowie einige Chalotten, langſam weich gekocht,
und wenn er einigermaßen verkühlt iſt, die Stücken vorſichtig herausgehoben, in einen ſteinernen Topf gelegt,
die Brühe, wenn ſie kalt geworden, durch ein Haarſieb

behutſam darüber gefüllt, mit ſtarkem Papier zugebun=
den und an einen kühlen Ort geſtellt. Wenn man den
Aal nach 2—4 Tagen verbrauchen will, richtet man
ihn auf einer Schüſſel, mit Citronen und Peterſilie
verziert, an und giebt ihn entweder nur mit Eſſig und
Oel, oder mit einer Remoladenſauce auf den Tiſch
wie folgt:

Vier hart gekochte Eidotter werden zerdrückt und
in einer glatten, irdenen Schüſſel mit etwas Salz,
Pfeffer und einem Eßlöffel voll Senf glatt durch ein=
ander gerührt. Während man nun mit der einen Hand
die Eier in der Schüſſel durchrührt, läßt man mit der
andern Hand ſtrohhalmdick feines Provenceröl zulaufen,
das heißt ſo lange, bis die Eier kein Oel mehr auf=
nehmen und anfangen wollen käſig zu werden. Als=
dann verdünnt man nach und nach unter fortwähren=
dem Umrühren mit ein wenig Eſſig und Fleiſchbrühe
die Sauce und ſchmeckt es mit Salz ab.

231. Schleie.

Man tödtet die Schleie durch einen Schlag auf
den Kopf und nimmt ſie mittelſt eines Schnittes, den
man längs dem Bauche macht, aus, man läßt ſie ent=
weder ganz, oder ſchneidet ſie in der Mitte durch, wäſcht
ſie recht rein aus, legt ſie auf ein flaches Geſchirr,
macht ſie mit kochendem Eſſig blau, und kocht ſie dann
in kochendem Salzwaſſer mit Zwiebel und Gewürze
gar. Wenn dies geſchehen, hebt man ſie mit einem
Schaumlöffel auf eine Schüſſel heraus, verziert ſie mit
friſcher, gereinigter Peterſilie und giebt ſie mit folgen=
der Speckſauce: ¼ oder ½ Pfund Speck wird fein=
würfelig geſchnitten, auf dem Feuer gelb gebraten und

in dieſem Fett 2—3 Eßlöffel voll Mehl hellbraun ge=
röſtet, mit Fiſchwaſſer aufgefüllt und mit Eſſig und
Zucker verkocht. Wenn es genug eingekocht iſt, wird
die Sauce mit Salz abgeſchmeckt.

232. Hecht, blau.

Es kommt manchmal vor, daß man mehr Hecht hat, als man
zum ſofortigen Friſcheſſen brauchen kann; iſt dies der Fall, ſo
ſalze man den in Stücken geſchnittenen Hecht ſtark ein und lege
ihn, gut zugedeckt, in eine paſſende irdene Schüſſel, dann hält er
ſich an einem kühlen Orte 2—3 Tage. Im Sommer wird er
ſtärker eingeſalzen, als im Winter. Zum Gebrauch wird er ſorgfältig gewaſchen und ohne Salz, jedoch mit Gewürze und nur
einige Minuten gekocht.

In Heilbronn unter dem Brückenthore iſt ein 19 Fuß lan-
ger Hecht abgebildet, welcher in dem jetzt ausgetrockneten Bäck-
linger See gefangen wurde. In dieſen kleinen See ſetzte nämlich
Kaiſer Friedrich II. einen Hecht, dem ein goldener Reif angelegt
wurde, mit der Inſchrift: „Ich bin der erſte von den Fi-
ſchen, welcher am 5. October 1230 durch Kaiſer
Friedrich II. Hand in dieſen See geſetzt worden.“ Im
Jahre 1497 wurde dieſer Fiſch vom Kurfürſten Philipp gefangen
und auf ſeine Tafel gebracht. Dieſer Hecht war alſo 267 Jahre
alt, 19 Fuß lang und 350 Pfund ſchwer. Das Fleiſch davon
mag wohl etwas hart geweſen ſein.

Wenn man den Hecht durch einen Schlag auf den
Kopf getödtet hat, ſchneidet man ihm den Bauch auf,
nimmt das Eingeweide heraus, behält die Leber aber
zurück, Alsdann wird er in Stücken geſchnitten und
in kaltem Waſſer gewaſchen, auf ein flaches Geſchirr
gelegt, wo man ihn mit kochendem Eſſig auf der
Schuppenſeite blau macht und dann in kochendem Salz=
waſſer mit etwas Eſſig, Zwiebel und Gewürze, nebſt
der Leber in 6—8 Minuten gar kocht. Iſt er ganz,
ſo muß er natürlich einige Minuten länger oder noch

einmal so lange kochen, damit der Rücken da, wo er am stärksten ist, auch gar wird. Er wird alsdann herausgenommen, nebst der Leber auf einer Schüssel angerichtet, mit frischer, gereinigter Petersilie verziert, und mit zerlassener Butter, nebst Salzkartoffeln auf den Tisch gegeben.

233. Hecht mit Senfbutter.

Der auf die vorher beschriebene Art zubereitete Hecht wird, wenn er nebst Gewürze und Zwiebeln in kochendem Salzwasser gekocht ist, ebenso auf einer passenden Schüssel angerichtet, und die Senfbutter apart dazu gegeben. Letztere wird auf die höchst einfache Art bereitet, daß man frische Butter, die man auf dem Feuer gelbheiß hat werden lassen, beliebig mit einigen Kaffeelöffel voll Senf, welchen man mit einem Eßlöffel voll Wasser oder Wein flüssig gemacht hat, vermischt und dann in eine Saucière füllt.

Hierzu werden Salzkartoffeln aufgesetzt.

Hat man Tischgäste, so kann man den Hecht kranzförmig auf der Schüssel anrichten, so daß in der Mitte ein leerer Raum bleibt, den man mit gekochten Salzkartoffeln ausfüllt und den Rand der Schüssel mit frischer, gereinigter Petersilie verziert.

234. Hecht mit Eiersauce.

Hat man den Hecht getödtet, geschuppt, ausge= nommen und die Leber bei Seite gelegt, so wird er in beliebige Stücke geschnitten, gewaschen und nebst der Leber in kochendem Salzwasser mit Zwiebel und Ge= würze in 6—8 Minuten gar gekocht. Nun quirlt man sechs Eidotter mit einem Nößel Weißwein und einem Löffel feines Mehl, setzt es auf's Feuer und rührt es, bis es dicklicht wird, thut dann 4 Loth Butter daran und gießt eine halbe Obertasse voll Hechtbrühe dazu. Sollte die Sauce noch zu dick sein, so muß man noch etwas mehr von der Hechtbrühe zugießen.

235. Hecht, gespickt.

Wenn man einen großen Hecht getödtet, rein ab- geschuppt, ausgenommen und gewaschen hat, so schnei- det man Kopf und Schwanz ab und kocht beides nebst der Leber in Salzwasser 5 Minuten ab; nun werden den Hechtstücken inwendig die Seitengräten ausgeschnit- ten, daß er breit aufliegt, dann häutet und spickt man ihn recht dicht und fein und legt ihn in eine passende Bratpfanne, deren Boden man mit breiten Speckscheiben belegt bat. Wenn man ihn darin gehörig mit Salz überstreut hat, thut man noch Gewürze, Zwiebeln und einige Chalotten, auch Citronenscheiben und recht reich- lich frische Butter dazu, füllt ein Glas voll Weinessig und eben so viel Weißwein darüber, stellt ihn in die heiße Röhre und läßt ihn darin unter fortwährendem Begießen in 30—40 Minuten gar werden, aber nicht braun. Er wird alsdann vorsichtig auf einer passenden, langen Schüssel angerichtet, Kopf und Schwanz daran gelegt und die Leber in's Maul gegeben. Der Satz in der Pfanne wird nun mit vier Löffel kräftiger Fleisch- brühe losgekocht und mit ein wenig Mehl verdickt dazu gegeben.

236. Schüsselhecht.

Der hierzu getödtete, abgeschuppte, vom Rückgrat und Gräten befreite Hecht wird in kleine Stückchen ge- schnitten, in eine Schüssel gelegt, eingesalzen und darin eine Stunde liegen gelassen. Alsdann wird er mit

einem reinen Tuche abgetrocknet, und in eine irdene,
Schüssel gelegt, mit Peterfilie, Citronenschale, Zwiebeln
und einige gereinigte Sardellen, welche man zusammen
mit dem Wiegemesser zuvor recht fein geschnitten hat,
nebst etwas klarem Pfeffer überstreut, einige Citronenscheiben, aus welchen man die Kerne entfernt hat, etwas
Butter, ein Glas Weißwein dazu gethan und dieß
Alles mit geriebener Semmel bestreut und auf diese
Weise in der heißen Röhre gar gemacht. Man muß
bisweilen den Hecht mit der Brühe ein wenig begießen
und darauf achten, daß die Brühe überhaupt nicht zu
dick wird. Wenn der Hecht gar geworden ist, legt man
um die Schüssel gekochte Salzkartoffeln herum, und
giebt ihn recht warm auf den Tisch.

Ganz auf dieselbe Weise verwendet man oft übrig gebliebenen Fisch, nur daß man dann den Fisch in kleine Stückchen
pflückt und ihn nicht so lange in der heißen Röhre stehen läßt.

237. Forellen, blau.

Man tödtet die Forelle, indem man sie mit dem
Messergriff auf den Kopf leicht schlägt, schneidet sie am
Bauche auf, nimmt das Eingeweide heraus und löst
recht vorsichtig von innen einen kleinen Finger breit
hinter dem Kopfe, ein kleines Stück Rückgrat heraus,
aber so, daß man sie durchaus nicht nach Außen dabei
beschädigt oder durchsticht, denn es ist dies das einzige
Mittel, sie beim Kochen ganz zu erhalten. Sie werden
alsdann in kaltem Wasser rein ausgewaschen, mit dem
Rücken nach oben auf eine flache Schüssel gelegt, damit
man sie bequem mit kochendem Essig übergießen kann,
dann legt man sie auf der Schüssel um, damit sie auf
der Seite in Essig liegen, beschädige aber das Blaue

daran nicht. Alsdann schütte man sie mit dem Essig in kochendes Salzwasser, in welches man zuvor eine Zwiebel, Lorbeerblatt, einige Pfefferkörner und einige Nelken gethan hat, und lasse sie auf raschem Feuer recht schnell bis an's Kochen kommen, setze sie aber gleich davon zurück und bedecke sie bis zum Verbrauch mit einem Bogen Papier, die Forellen müssen aber immer vollständig mit Wasser bedeckt sein, damit sie an keiner Stelle trocken werden. Sie werden dann warm auf einer Schüssel, mit frischer, gereinigter Petersilie ver-ziert auf den Tisch gegeben. Ganz frische, gute Butter, auch Citronenscheiben, Essig und Oel giebt man apart dazu herum. Auch Salzkartoffeln.

Das Blaumachen der Forellen wird nicht durchgehends aus-geführt, da es leidenschaftliche Fischesser giebt, welche behaupten, daß sie gerade dadurch vieles von der unbeschreiblichen Feinheit im Geschmack verlieren und sie nur in Salzwasser, oder mit den oben angegebenen Gewürzzuthaten gesotten genießen.

238. Forellen, fricassirt.

Wenn man sie auf die vorher erwähnte Art ge-kocht hat, wird folgendes Fricassée dazu bereitet: man quirlt in ½ Nößel abgekühltes Forellenwasser 2 Eidotter und 1 Löffel Mehl, dann kommt 1 Löffel voll Citro-nensaft und 6 Loth Butter dazu, dieses zusammen rührt man auf dem Feuer bis zum Kochen und richtet es sogleich über den Forellen an, indem man solche noch warm aus dem Sud nimmt.

239. Forellen, gebacken.

Hierzu werden die Forellen rein abgeschuppt, aus-genommen, der Länge nach in 2 Theile geschnitten und das Rückgrat davon entfernt, dann in eine Schüssel

gelegt und gleich eingesalzen; nach einer Viertelstunde
mit einem reinen Tuche wieder abgetrocknet, in zerlassene
Butter getaucht, mit geriebener Semmel bestreut und
in der Pfanne auf beiden Seiten braun gebacken. Hierzu paßt folgende Sauce sehr gut: Petersilie, Citronenschale, Zwiebel, gereinigte Sardellen und Kapern werden mit dem Wiegemesser recht fein geschnitten, und
schwitzt dies in gelbheißer Butter eine Minute, füllt
etwas kochende Fleischbrühe dazu und einen Löffel braunes Mehl, läßt Alles zusammen verkochen, treibt es
es durch ein Haarsieb und schmeckt es mit Salz und
Essig ab.

240. Lachs mit Petersiliensauce.

Ein Stück frischer Lachs, sei es Mittel-, Kopf-,
oder Schwanzstück, welches Letztere das schlechteste von
Allem ist, wird, wenn der Lachs zuvörderst ausgenommen worden ist, in kaltem Wasser eingeweicht, damit
die auf dem Transport trocken gewordenen Schuppen,
weil wir ihn hier nur todt zugeschickt bekommen, sich
leichter davon entfernen lassen, alsdann sorgfältig geschuppt, ausgewaschen und in einem passenden Kasserol
in kochendem Salzwasser, in welches man eine halbe
Flasche Essig, eine große Zwiebel und Gewürze gethan
hat, eine Viertelstunde langsam gekocht und vom Feuer
weggestellt, damit er sich noch recht durchzieht. Alsdann
wird er vorsichtig herausgenommen, auf einer mit frischer Petersilie und Citronenscheiben verzierten Schüssel
angerichtet, und nachstehende Sauce apart dazu gegeben:
Man schneidet Petersilie mit dem Wiegemesser fein,
schwitzt selbige in einem Kasserol mit zerlassener Butter
kurze Zeit, dann etwas feines Mehl darin geschwitzt,

und mit guter Fleiſchbrühe kurze Zeit verkocht, dann
mit Salz und Pfeffer abgeſchmeckt.

Auch gebe man in einer Aſſiette Salzkartoffeln dazu.

241.. Zander.

Den Zander, den wir ebenfalls wie den Lachs,
todt zugeſchickt bekommen, wird in kaltem Waſſer eingeweicht, alsdann mit einem Meſſer recht rein abgewaſchen und in kochendem Salwaſſer nebſt einer Zwiebel und Gewürze ſchnell weich gekocht. Man muß bei
dem Abkochen des Zanders außerordentlich vorſichtig
zu Werke gehen, weil er äußerſt zartes Fleiſch hat und
ſelbiges oft durch den Transport hierher ſchon ſehr
mürbe geworden iſt, ſo daß es häufig vorgekommen
iſt, daß ſich die Stücken während dem Kochen gänzlich in Mus umgewandelt haben und man nur noch
die Grätenſtücken ganz behalten hat. Wenn man
daher die Stücken in das kochende Salzwaſſer gethan hat, ſo wird man ſtets beſſer thun, ſelbige nur
ſo lange auf dem Feuer ſtehen zu laſſen, bis man
ſieht, daß das Waſſer wieder anfangen will zu kochen,
alsdann vom Feuer ſchnell abzuſetzen und im Sud
vollends gar werden zu laſſen, da ohnehin nur ſehr
kurze Zeit nöthig iſt, ihn weich zu kochen. Man nimmt
alsdann die Stücken vorſichtig aus dem Waſſer auf
eine paſſende Schüſſel, überſtreut ihn mit gehackten, hart
gekochten Eiern, und giebt ihn nebſt einer holländiſchen
Sauce wie bei Barſch Nr. 227 und eine Sauciére
mit zerlaſſener Butter apart auf den Tiſch.

Eine Aſſiette mit Salzkartoffeln apart, iſt zu jedem
in Salzwaſſer gekochtem Fiſch erforderlich.

Seedorſch, Seezunge, Steinbutte, Schollen werden
auf dieſelbe Art zubereitet.

242. Schellfisch.

Man schuppt diesen Fisch sorgfältig, damit man das Fleisch nicht zerdrückt, dann wird er ausgenommen, abgewaschen, und im Fall es ein großer Fisch ist, in Stücke geschnitten; dann in kochendem Salzwasser, mit Gewürz und einer Zwiebel in einigen Minuten gar gekocht, doch muß dies erst kurz vor dem Anrichten geschehen, damit er recht blättrig auf den Tisch kommt. Dann legt man ihn auf eine mit Petersilie verzierte Schüssel und giebt ihn mit Senfbutter, wie bei Hecht mit Senfbutter Nr. 234 angegeben ist, nebst Salzkartoffeln.

243. Wels.

Seine Zubereitung besteht darin, daß, wenn man ihn geschuppt und gewaschen hat, in beliebige Portionstücken schneidet, die man nebst Wurzelwerk und Gewürze, dem nöthigen Salz, Zwiebel, etwas Weißwein und Essig, sowie einen guten Theil frischer Butter in ein Kasserol legt, worin man ihn auf dem Feuer zugedeckt langsam weich dünstet und kurz vor dem Anrichten mit ein Paar Anrichtelöffel voll guter, mit weißem Mehl verkochter Fleischbrühe aufkochen läßt, auf einer Schüssel anrichtet, die Sauce durch ein Sieb laufen läßt und apart zur Tafel giebt. Salzkartoffeln können jedesmal apart dazu gegeben werden.

244. Kabeljau.

Ein dadurch höchst merkwürdiger Fisch, weil er durch verschiedene Zurichtungen in mancher andern Gestalt und Benennung vorkommt. Wird er z. B. der Länge nach getheilt und eingesalzen

so heißt er „Laberdan." Wird er in Hälften an der Sonne
aufgetrocknet, so giebt er den bekannten, beliebten „Stockfisch."
Wird er stark mit Salz bestreut, übereinander geschichtet, und spült
man ihn, nachdem das Salz eingedrungen ist, ab, so kommt er
unter dem Namen „Klippfisch" vor. Sein Fleisch ist weiß und
blätterig und von vortrefflichem Geschmack.

Wenn man diesen Fisch gehörig gereinigt, ausgenommen und gewaschen hat, wird er entweder in Stücke
geschnitten oder man läßt ihn ganz. Im letzteren Falle
kocht man ihn in einer blechernen oder kupfernen Fisch-
wanne, die einen Einsetzer hat, damit man, wenn er
gekocht ist, ihn unversehrt herausheben kann. Er wird
überhaupt ebenfalls auf die schon mehrerwähnte Art
in kochendem Salzwasser mit Gewürze und einer Zwiebel weich gekocht. Wenn dies geschehen, legt man den
Fisch auf eine passende, lange Schüssel, mit frischer Petersilie verziert und giebt ihn mit Senfbutter, wie bei
Hecht Nr. 234, nebst Salzkartoffeln auf den Tisch.

245. Stockfisch.

Hier bekommt man stets vollständig ausgewässerten
Stockfisch zu kaufen, wo dies nicht der Fall ist, muß
er zuvörderst auf folgende Weise behandelt werden:
Man bereitet eine Lauge von Holzasche, legt den getrockneten Stockfisch, welchen man vorher mit einem
Holzknittel gehörig an allen Seiten geklopft hat, in diese
zuvor durch ein Tuch gegossene, klare Lauge, läßt ihn
darin anderthalb bis zwei Tage liegen, gießt alsdann
die Lauge davon ab und füllt statt derselben Flußwasser
darauf, welches täglich mehrere Male gewechselt werden
muß, und er auf diese Weise 3—4 Tage wässern kann,
damit das getrocknete Fisch locker wird und verarbeitet

werden kann. Alsdann schneidet man das Fleisch recht
rein von der Haut ab, befreit es womöglich von den
Gräten und legt es wiederum bis kurz vor dem Gebrauch in frisches Wasser, dann legt man es in ein
Kasseroll mit kochend heißem Wasser, läßt es darin auf
raschem Feuer einmal aufkochen, setzt das Kasseroll schnell
vom Feuer weg und läßt es 2—3 Minuten zugedeckt
ruhig stehen. Nun hebt man den Stockfisch behutsam
mit dem Schaumlöffel aus dem Wasser heraus auf ein
Sieb oder Durchschlag, überstreut ihn mit Salz und
wenn das Wasser davon abgelaufen ist, richtet man ihn
auf einer Schüssel an, thut ihn in viel braune Butter,
braun geröstete, geriebene Semmel und etwas fein geschnittene Zwiebel darüber hinweg und giebt ihn mit
Salzkartoffeln.

Gern wird der Stockfisch mit folgender Sauce gegessen: Einige fein geschnittene Zwiebeln schwitzt man
in Butter weich, doch so, daß sie weiß bleiben, dann
wird ein Theil von den beim Abputzen des gekochten
Stockfisches gewordenen kleinen Fleischabfällen, etwas
gestoßenen Pfeffer, ½ Nößel leichte Fleischbrühe hinzugethan, läßt dies kurze Zeit langsam kochen und streicht
die Brühe durch ein Sieb. Vereinigt nun 6—8 Loth
Butter und etwas Muskatnuß mit etwa 3 Eßlöffel voll
Mehl, gießt die durchgestrichene Brühe dazu, rührt es
auf dem Feuer mit noch etwas Stockfischbrühe und
Wasser zu einer dicken Sauce und quirlt einige Eidotter daran.

Am häufigsten wird er bei uns mit Schoten und Möhrenge-
müse gegessen, und die Stückchen in das Gemüse gelegt, oder apart
mit zerlassener Butter überträufelt und gewiegter Peterstlie überstreut, dazu gegeben.

246. Laberdan.

Er wird mehrere Stunden eingewässert, dann macht man ihm die Schuppen und die schwarze Haut, die sich inwendig angesetzt hat, ab, schneidet ihn in breite, längliche Stücke, die man nochmals einige Stunden einwässert und dann wie Kabeljau Nr. 244 gar kocht. Auf einer Schüssel angerichtet, wird er mit zerlassener Butter, die man mit Senf vermengt hat, nebst Salzkartoffeln auf den Tisch gegeben.

247. Klippfisch.

Wird auf dieselbe Art zubereitet wie Kabeljau Nr. 244 und gleichfalls mit Salzkartoffeln auf den Tisch gegeben.

248. Stinte.

Die großen Seestinten werden geschuppt, ausgenommen, gewaschen und in scharfem Salzwasser gar gekocht, alsdann mit brauner Butter, Pfeffer und rohem Meerrettig angerichtet und auf den Tisch gegeben. Sie können aber auch eingesalzen und in brauner Butter gebacken als eine Beilage zum Sauerkraut gegeben werden.

Die kleinen, zwei bis drei Zoll langen Stinte werden in Salzwasser abgekocht. Hierauf bratet man Speck mit Kartoffeln und einer Hand voll Mehl, dann verdünnt man dieses mit der Stintbrühe, Essig, Kümmel und Zucker, thut die abgekochten Stinte hinein und läßt alles zusammen aufgriebeln.

249. Schmerlen.

Diese kleinen Fische, von der Länge eines Fingers, werden nur in kalten Berggewässern gefangen und haben ein äußerst zartes Fleisch. Da sie so klein sind, muß man natürlich, um ein Gericht davon zu bereiten, eine größere Quantität davon haben. Wenn man sie mehrere Male in kaltem Wasser abgewaschen und dann in einen Durchschlag gethan hat, damit das Wasser davon abläuft, thut man sie in eine Schüssel und tödtet sie damit, daß man sie stark einsalzt, worin man sie ungefähr eine Stunde liegen läßt und während dieser Zeit häufig herumschwenkt. Man nimmt sie alsdann heraus auf ein ausgebreitetes, reines Tuch, auf welchem man sie auseinander legt, deckt ein anderes reines Tuch darüber, welches man mit den Händen an die Fischchen andrückt uud trocknet sie auf diese Weise recht sorgfältig ab. Nun werden sie in gequirltem Ei und dann in geriebener Semmel, die man mit ein wenig Mehl vermischt hat, herumgewendet und entweder in einer Pfanne mit viel brauner Butter oder gleich aus dem Schmalz gebacken.

250. Gründlinge und dergleichen kleine Fische.

Wenn man die getödteten Fischchen geschuppt, ausgenommen und gewaschen hat, salzt man sie, wie bei den Schmerlen angegeben ist, ein und bäckt sie ebenfalls so ab. Man kann sie auch in kochendes Salzwasser schütten, sogleich bei Seite setzen, mit Papier zugedeckt, und dann kalt, mit Butter und Essig essen. Die kleinen Angler jedoch bestellen stets bei der Mutter ihren Fang „gebacken."

251. Gebackene Heringe.

Die Heringe legt man längere oder kürzere Zeit, je nachdem sie schon alt oder noch frisch sind, in kaltes

Waſſer, wäſcht ſie mehrmals heraus und häutet und
trennt ſie von dem Rückgrat in 2 Hälften, nimmt die
Gräten davon und ſchneidet jede Hälfte noch einmal
durch. Dann wendet man dieſe Stückchen in gequirl=
tem Ei und geriebener Semmel und bratet ſie ſchnell
in brauner Butter auf beiden Seiten. Hierzu giebt
man gekochte Kartoffeln kalt in Scheiben geſchnitten,
mit Salz und Pfeffer beſtreut und in brauner Butter
und Zwiebeln gebraten dazu. Auch Sauerkraut und
Kartoffeln in der Schale.

252. Neue Heringe mit Kartoffeln.

Wenn die Heringe gewaſchen ſind, ſo ziehe man
die Haut davon ab, ſchneide den Bauch auf, nehme
die Eingeweide, wenn es Vollheringe ſind, heraus, lege
die Milch davon wieder hinein, ſchneide ſie in 4—5
Stücke ſchräg durch und lege ſie in ein Schüſſelchen,
deſſen Boden man mit gewaſchenen grünen Weinblät=
tern bedeckt hat, ſo, als wenn ſie noch ganz wären,
und gebe ſie, mit Kartoffeln in der Schale, auf den Tiſch.

Wenn ein ſolcher Hering neben einem grünen Bohnengericht
mit Schöpſenfleiſch unbefangen beiher ſchwimmt, wird er von
Vielen willkommen geheißen.

253. Hering mit Kartoffel gebacken.

Einige ausgewäſſerte und ausgegrätete Heringe
werden in feine Würfel geſchnitten und gekochte kalte
Kartoffeln ebenfalls in Würfel oder Scheibchen. Nun
wird ein gerades Kaſſeroll ſtark mit Butter ausgeſtrichen
und mit geriebener Semmel ausgeſtreut, dann thut man
eine Schicht von den geſchnittenen Kartoffeln hinein,

hierauf den Hering, dann wieder Kartoffeln und etwas
Butter und Pfeffer darüber, und nun in der Röhre
eine halbe Stunde gebacken.

254. Heringe, marinirt.

Hierzu nimmt man möglichst lauter milchene Heringe (mindestens zur Hälfte), welche man wäscht, ab-
schuppt und längere oder kürzere Zeit wässert. Genau
läßt sich die Zeit des Abwässerns nicht bestimmen, da
es sehr darauf ankommt, ob es neue oder alte Heringe
sind. Hat man dies beobachtet und gehörig gewässert,
so lege man sie noch einige Stunden in süße Milch,
nehme sie alsdann wieder heraus, befreie sie von den
äußersten Spitzen der Schwanzflossen, schneide die Un-
terkiefer des Kopfes davon ab, ziehe die Haut davon,
entferne die Eingeweide, und nun wird die Milch von
den Heringen auf einem harten Brete mit dem Wiegemesser recht fein geschnitten, in einen Topf gethan und
mit so viel Essig zu einer weißen Brühe gequirlt, als
man glaubt nöthig zu haben. Die Heringe legt man
nun in einen Topf mit feingeschnittener Zwiebel nebst
Pfefferkörner, Neuewürze und einigen Lorbeerblättern,
dann obige heiße Brühe von der Heringsmilch durch
ein Sieb über die Heringe hinweggegossen, der Topf
mit einem Papier zugebunden und an einem kühlen
Orte aufbewahrt. Nach einigen Tagen schon kann man
Gebrauch von diesen Heringen machen, und wenn man
selbige auf einer Schüssel angerichtet hat, so verziert
man sie mit kleinen Pfeffergürkchen, Kapern, eingelegten
Kirschen, Citronenscheibchen, Perlzwiebelchen und giebt
etwas von der Sauce, so wie auch einige Tropfen gutes
Salatöl dazu.

255. Krebfe zu kochen.

Man kann die Krebfe eine geraume Zeit außer dem Waffer lebendig erhalten, wenn man fie mit frifchen Brennneffeln oder Gras bedeckt, fie täglich mit Milch oder Bier begießt und ihnen dann und wann gehackte Leber giebt.

Wenn der Weizen blüht, find die Krebfe am fchmackhafteften, fo auch im Juli und Auguft.

Im Juni find fie vorzüglich zur rothen Butter anwendbar.

Man thut die mehrmals, gewafchenen Krebfe in einen Topf, übergießt fie fchnell mit kochendem Waffer, wodurch fie einen merkwürdig kräftigen Gefchmack bekommen und auch nicht unnütz gemartert werden, fetzt fie fogleich auf ein recht rafches Feuer, thut hin= reichend Salz und Pfeffer dazu, und läßt fie in wenig Minuten 2—3 Mal aufkochen. Man richtet fie alsdann auf einer Schüffel an, verziert fie mit frifcher, gereinig= ter Peterfilie und giebt fie mit frifcher Butter apart zur Tafel. Häufig thut man noch eine ftarke Prife Kümmelkörner hinzu, oder beffer, man bindet den Küm= mel in ein reines Leinwandläppchen, damit er dann beim Effen nicht fo an den Krebfen herumhängt.

256. Fröfche, gebacken.

Sowohl von dem Gras= als Wafferfrofch werden die Schenkel zur Speife benutzt; der Grasfrofch jedoch ift kleiner, daher weni= ger beachtet. Befonders verdienen die aus Flüffen den Vorzug vor denen aus Sümpfen und Teichen. Die Schenkel müffen weiß, fleifchig und voll fein und dürfen nicht fo lange liegen, man kauft fie am liebften gleich vorgerichtet; ift dies nicht zu erlangen, fo tödtet man die Fröfche durch einen Schlag auf den Kopf, fchneidet die Schenkel von dem Rumpf, wirft diefen weg und häutet jene, trennt die Beine im untern Gelenk ab, flechtet die Schenkel kreuz= weis in einander und wäfcht fie in Flußwaffer rein ab.

Von Johanni bis im Spätherbst sind die Froschkeulen am besten zu essen.

Die Froschkeulen salzt man ein wenig und läßt sie eine kurze Zeit stehen, dann wäscht man sie in frischem Wasser und läßt sie gut abtropfen. Dann macht man einen Teig von weißem Mehl mit lauer Milch, rührt 3 ganze Eier gut darunter und ein wenig Salz, taucht die Froschkeulen hinein und bäckt sie in heißer Butter schön gelb.

257. Frösche, fricassirt.

Sind die Froschkeulen, wie vorstehend gesalzen und wieder gewaschen, so dämpft man sie eine gute Viertelstunde in einem zugedeckten Kasseroll mit frischer Butter, wendet sie während dieser Zeit einige Mal um, gießt dann etwas Fleischbrühe und ein Glas Weißwein dazu, etwas fein geschnittene Citronenschale, einige Nelken, Pfeffer und Salz und läßt sie damit noch eine Viertelstunde kochen, bis sie weich sind. Während dieser Zeit rührt man einen Löffel feines Mehl mit etwas frischer Butter gut durch und vereinigt es mit der kochenden Sauce. Beim Anrichten wird ein Eidotter mit ein wenig fein geschnittener Petersilie unter die Sauce gerührt.

Ragouts.

Die Ragouts macht man von übrig gebliebenem Kochfleisch oder jeder Art Braten, was in zierliche Stücken oder Scheiben geschnitten

wird. Alles Fleisch darf in der sauren Sauce nicht mehr kochen,
sonst wird das Fleisch hart und zähe, sondern man legt es in die
fertige heiße Sauce und stellt es warm bis zum Anrichten.

258. Braunes Ragout.

Man röstet Mehl in Fett oder Butter braun, verkocht es mit Wasser oder Brühe ¼ Stunde lang, würzt
es nach Belieben mit gewiegten Sardellen, 1 Lorbeerblatt, auch einigen vorher weich gekochten Zwiebeln,
thut Essig und Salz dazu, nebst in Scheiben geschnittenen sauren Gurken und gekochten Kartoffelstückchen,
legt die geschnittenen Kalbsbratenreste oder Wildpret hinein und stellt es so bis zum Anrichten heiß.

259. Braunes Ragout auf andere Art.

Zwei Löffel Mehl werden in Fett oder Butter hellbraun geröstet, dann einige geschnittene Zwiebeln dazu
gethan und dies zusammen dunkelbraun werden lassen.
Nun wird es mit Wasser oder Brühe zu einer seimigen
Sauce gekocht, mit Essig, 1 Eßlöffel voll Senf, Zucker,
Gewürz, Pfeffer und Salz abgeschmeckt, Schöpsbra-
ten- oder Kochfleisch-Reste in Stückchen geschnitten
hineingelegt und bis zum Anrichten recht heiß gestellt.
Hierzu gebe man noch gekochte Kartoffeln.

260. Schüffel-Ragout.

Eine tiefe Schüssel mit Butter ausgestrichen, darauf
etwas Sardellen nebst Kapern und Citronenscheibchen,
legt den Braten in dünne Scheibchen über einander
darauf, mit 2 Löffel Semmel, etwas Brühe und Bratensatz dazu, belegt es mit Butter, geriebener Zwiebel
und etwas Petersilie, zugedeckt, dann auf einen Dreifuß

über glühende Kohlen, so ¼ Stunde dünsten lassen oder auch in einer heißen Röhre.

261. Ragout von Schweinsohren und Füßen.

Man kocht die Ohren und Füße in Wasser und läßt sie darin erkalten, schneidet sie dann in kleine Stückchen und kocht sie nun in Fleischbrühe mit gewiegten Zwiebeln, Muskatenblume, etwas braunes Mehl, Salz, Lorbeerblätter und Pfefferkörner nochmals auf; dann mit Wein, Essig und Citronensaft abgeschmeckt.

Starken Essern setze man bei diesem Gerichte zugleich noch eine tüchtige Schüssel gekochter Kartoffeln mit auf.

Fricassées.

262. Fricassée von Kalbfleisch, Huhn, Taube u. s. w.

Man schneidet das rohe Fleisch in zierliche Stückchen, die Hühner und Tauben aber in Viertel, wäscht es rein ab und begießt es mit heißem Wasser. Hierauf thut man ein Stück Butter in ein Kasseroll, dazu eine Zwiebel, zwei Nelken, einige Citronenscheibchen und etwas Thymian, nimmt die zum Fricassiren bestimmten Fleischstückchen aus dem Wasser, thut es mit in das Kasseroll, salzt es und läßt es, zugedeckt, bei gelindem Feuer fünf Minuten dünsten; alsdann etwas gute Fleischbrühe hinzu gegossen und darinnen vollends dünsten lassen. Kurz vor dem Anrichten wird die Brühe von den be-

treffenden Fleischstückchen abgegossen, mit einigen Ei=
bottern, Mehl und Wein abgezogen, alsdann aufgekocht
und durch ein Sieb gegossen, mit Citronensaft oder
Essig, Muskate und Salz abgeschmeckt und so über die
Fleischstücken, Hühner, Tauben oder dergl. angerichtet.
Jedes Fricassée kann man verfeinern durch Semmel=
klößchen oder Farceklößchen, auch Kalbsbröschen u. s. w.

Siehe auch Kalbfleisch, fricassirt, Nr. 138. — Kalbsgekröse
(Jnstert) Nr. 155. — Lammfleisch, fricassirt, Nr. 165. — Altes
Huhn, fricassirt, Nr. 182. — Junges Huhn, fricassirt, Nr. 183. —
Froschkeulen, fricassirt, Nr. 257.

Fleischsalate.

263. Rindsmaul oder Füße als Salat.

Das Rindsmaul oder die Füße mit Wasser und Salz
4, 6 bis 8 Stunden gekocht, bis sie recht weich sind
(vorher läßt man die Fußknochen spalten, dann so mit
dem Mark gekocht; das Fett, welches daraus kocht,
heißt Klauenfett). Wenn es weich gekocht, in kaltes
Wasser gelegt, abgewaschen, dann alle Knochen davon
gethan, in Scheibchen oder wie Nudeln geschnitten, in
ein töpfernes Geschirr gethan, ¼ Kanne Essig und
⅛ Kanne Oel, Salz und Pfeffer darauf, und so stehen
lassen; es hält sich einige Wochen. Auch kann man
geschnittene Zwiebeln, Hering, Kapern, Gurken, Peter=
silie und Kresse darunter nehmen.

264. Rindsmaulſalat mit Sauce.

Man kocht ein Rindsmaul, womöglich von einem jungen Rind, mit Salz, Pfefferkörner, Lorbeerblatt, Neuewürze, etwas Eſſig, Sellerie, Zwiebel und Möhre recht weich, ſo weich, daß alle Knochen davon heraus= fallen, und läßt es dann in der Brühe, in welcher man es gekocht hat, kalt werden. Alsdann nimmt man es heraus, putzt es von den nach innen befindlichen Häut= chen aus, ſchneidet davon fingerlange Stückchen und dieſe in Scheibchen. Nun macht man eine Sauce wie folgt dazu: Ein ausgewäſſerter und ausgegräteter, fein gewiegter Hering, 3 hartgekochte Eidotter werden mit Eſſig, 2 Eßlöffel Salatöl und 1 Theelöffel Senf glatt durch einander gerührt, dazu den noch nöthigen Eſſig gegoſſen und iſt er ſehr ſcharf, auch etwas Waſſer; dann 1 Eßlöffel voll Peterſilie, einige Zwiebeln und das Ei= weiß von den 3 Eiern, Alles fein gewiegt hinzugethan und hieraus eine dicklichte Sauce gemacht, wovon man aber nur wenig an das geſchnittene Rindsmaul thut, damit keine lange Brühe entſteht.

Dieſe Sauce kann man 14 Tage zugedeckt erhalten; auch zu gekochtem, kalten Rindfleiſche eſſen.

265. Italieniſcher Salat.

Von drei Heringen, die man gewaſchen, abgezogen und ausgegrätet hat, ſchneidet man das Fleiſch fein= würfelig, desgleichen einige Pfeffergurken, zwei geſchälte, ſäuerliche Aepfel, 8 Stück große, gekochte und geſchälte Kartoffeln und ein wenig gekochtes Pökelrindfleiſch. Die Milch von den Heringen ſchneidet man mit dem Wiegemeſſer recht fein und thut ſie nebſt einem vollen Theelöffel Senf, etwas fein geſchnittener Zwiebel, Salz

und Pfeffer in eine irdene Schüssel, rührt es gut durch
einander und läßt unter fortwährendem Rühren einen
Strohhalm stark Oel aus einer Flasche so lange zulaufen, bis man sieht, daß sich der Senf und die Heringsmilch von dem Oel trennt. Alsdann thue man
eine Obertasse voll guten Essigs dazu, rühre es durch=
einander und gebe dann alle die feinwürfelig geschnittenen Gegenstände, nebst 2 Eßlöffel Kapern hinein,
mische es gut durch einander und lasse alsdann den
Salat eine Stunde stehen, damit er sich recht durchzieht.
Nun richtet man den Salat in einer runden Schüssel
an, formt davon einen glatten, hohen Berg und putzt
ihn beliebig mit Cervelatwurst, Bricken, Sardellen, Citronenscheiben, Kirschen, und hart gekochten Eiern aus und
giebt ihn auf den Tisch.

266 Russischer Salat.

Man nehme hierzu Reste von Braten, Heringe,
Gurken, Kartoffeln, Aepfel, in Bouillon gekochte Möh=
ren, schneide Alles würflig klein und füge noch Kapern
und gehackte Zwiebeln hinzu.

Sauce dazu. 2 Löffel Mehl mit 2 Löffel feines
Tafelöl in einem Töpfchen über Feuer gut durchgerührt;
wenn es kalt geworden ist, rührt man von 2 Eiern
das rohe Gelbe, etwas Salz, Pfeffer, Zucker, 2 Löffel
Senf und auch noch etwas Oel hinein, verdünne es
mit Essig, ein wenig Fleischbrühe oder Wasser, nur
nicht zu dünn, und schütte es über obigen Salat, wel=
chen man damit gut durchziehen läßt.

Beim Anrichten verziert man den Salat mit fein gewiegten
hartgekochten Eiern, weißes und gelbes apart, eingemachten Boh-

nen, Kirſchen, Sardellen, Citronenſcheibchen ꝛc., indem man Blumen oder Figuren davon bildet.

(Eingeſandt aus Görliß.)

267 Sardellenſalat.

¼ Pfund Sardellen gewaſchen (nämlich aus dem
Waſſer genommen, auf dem Brete mit einem Stück
feuchten Papiers gerieben, daß die kleinen Schuppen
abgehen, das Waſſer abgeſtrichen, auf einem Tuche ab-
getrocknet), geſpalten und von Gräten gereinigt, auf die
Schüſſel in beliebige Ordnung gelegt, wie auch Kapern,
Oliven, Muſcheln, Bricken, türkiſcher Weizen, kleine
Gurken, Lachs, Wurſt, Citronenſcheibchen, Pilze, mit
Eſſig und viel Oel begoſſen.

268. Fleiſchſalat, gemiſcht.

Hierzu kann man verſchiedenes Bankfleiſch und
Federvieh gekocht oder gebraten in dünne Scheibchen
ſchneiden, dann in einem Geſchirr wie Salat mit viel
Oel, Eſſig, auch Senf anrühren, angerichtet mit Kartoffeln, Gurken und Eſſigbohnen belegen, und mit Peterſilie, Eſtragon, Zwiebeln und Schnittlauch beſtreuen.

269. Heringsſalat.

Die Heringe werden, wenn man ſie zuvor ein
wenig gewäſſert und dann abgewaſchen hat, abgezogen,
das Fleiſch aus den Gräten heraus und recht feinwürfelig geſchnitten. Eben ſo viel feinwürfelig geſchnittene,
zuvor in der Schale gekochte und abgeſchälte Kartoffeln,
als auch eben ſo viel feinwürfelig geſchnittenen Kalbs-
braten und feinwürfelig geſchnittene, zuvor geſchälte,
weinſaure Aepfel werden mit halb Wein und halb Eſſig

Salatöl, Zwiebeln, etwas Zucker, wenig Salz und Pfeffer angemacht und gut durchmengt, und erſt dann, wenn ſich dieſer Salat in 1 oder 2 Stunden recht durchzogen hat, in der Salatière angerichtet.

270. Sülze.

Man kocht 1½ Pfund Kalbfleiſch, 1 Pfund nicht fettes Schweinefleiſch, 2 Kalbsfüße, 1 Schweinefuß und 1 Schweinsohr in Waſſer mit Gewürz, Zwiebeln, Lorbeerblätter, Thymian, Baſilicum, Citronenſchale, Weineſſig und etwas Salz ſehr weich, macht nach einigem Verkühlen die Knochen heraus, und läßt das Fleiſch erkalten, ſchneidet es würfelig und in längliche Stückchen. Hat man Reſte von gekochtem oder gebratenem Fleiſche oder von Pökelzunge und dergl., ſo ſchneidet man auch dieſe in Stückchen und thut ſie dazu. Die Brühe gießt man durch ein Sieb, nimmt das Fett davon rein ab, kocht ſie kurz ein und läßt ſie erkalten; alsdann nimmt man das Fett nochmals davon ab, erwärmt ſie wieder und gießt ſie nun behutſam in ein anderes Geſchirr da der Satz zurückbleiben muß, wodurch die Sülze ſchön hell wird; dann ſchmeckt man ſie mit Pfeffer, Ingwer und wenn nöthig, mit noch etwas Weineſſig ab. Nun belegt man eine mit kaltem Waſſer ausgefüllte Form mit Citronenſcheibchen und geſchnittenen Pfeffergurken, thut dann das geſchnittene Fleiſch darauf und gießt die lauwarme Brühe darüber, deckt es gut zu und ſtellt es an einen kühlen Ort.

Beim Gebrauch wird die Sülze mit einem Meſſer am Rande losgelöſt, dann die Form einen Augenblick in warmes Waſſer gehalten, wodurch die Maſſe beim Umſtürzen gut herausgeht. Man giebt zu der Sülze

Eſſig und Oel mit gewiegter Peterſilie oder einer Sauce wie bei Rindsmaulſalat Nr. 264.

Die Sülze darf man niemals heiß aufgießen, ſondern nur lauwarm, ſie wird dadurch ſchöner und heller. Man kann auch rothe Rüben, hartgekochte Eier, Blut= und Leberwurſt, Cervelat= wurſt, Brücken Hering, Aepfel, überhaupt alles Genießbare würflig geſchnitten darunter mengen. Es hält ſich im Winter einige Wo= chen recht gut, nur muß man öfters Eſſig darüber gießen.

Salate

Bei Salat muß man ſehr darauf achten, daß er nie zu viel Brühe um ſich herum hat. Brühe bei Salat darf man eigentlich gar nicht ſehen, alles, was man daran gethan hat, muß in ſo paſſendem Verhältniß zu einander ſtehen, daß der Salat gerade immer Alles in ſich aufgenommen hat.

271. Blumenkohlſalat.

Der Blumenkohl wird geputzt, die Strünke nebſt den Blumen in Waſſer weich gekocht, die Strünke in Scheiben geſchnitten, die Blume darauf geſetzt, mit Salz, Pfeffer, Eſſig und Oel begoſſen.

272. Bohnenſalat.

Die grünen Bohnen werden ganz oder in Zoll lange Stücken geſchnitten, auch geſpalten, dann in Waſſer und Salz 1 Stunde gekocht, abgegoſſen, dann die Bohnen kalt mit Eſſig und Oel, Salz und Pfeffer untermengt.

273. Endivienſalat.

Man giebt ihn nur im Winter, denn er iſt nur

in dieser Zeit gut, weil er erst durch die Art und Weise, wie er von den Gärtnern für diese Zeit aufbewahrt wird, seine schöne gelbe Farbe und Zartheit erhält. Wenn er gut und recht klein gelesen und gewaschen und alles Wasser wieder davon abgelaufen ist, so wird er mit Essig, Oel, Salz und Pfeffer untermengt und angerichtet.

274. Gurkensalat.

Die Gurken zum Salat müssen immer schlank und dünn sein, und man darf niemals solche dicke, die, wenn man sie schneidet, so viel Kerne haben und dadurch die Scheiben zerreißen, dazu verwenden. Sie werden geschält, gehobelt oder auf einem Brete mit dem Messer in recht feine Scheiben geschnitten, und etwas Salz, Pfeffer, der zu Salat nur ganz grob gestoßen sein darf, fein geschnittenem Schnittlauch und nach Verhältniß Essig und Oel gut durch einander gemengt und in der Salatière angerichtet. Der auf diese Weise bereitete Gurkensalat ist leichter zu verdauen, als wenn man die fein geschnittenen Gurkenscheibchen zuvor leicht einsalzt, mit einem reinen Tuche wieder ausdrückt und dann ebenso damit verfährt.

275. Gurkensalat mit saurer Sahne.

Die geschnittenen Gurken werden leicht eingesalzen und wenn sie eine Stunde gestanden haben, wieder ausgedrückt, mit recht dicker, fetter, saurer Sahne, die man nur mit einigen Tropfen Essig zerquirlt, angemacht und mit etwas ganz fein geschnittener Zwiebel oder Schnittlauch vermengt.

276. Gurkensalat, gemischt.

Man schneidet einige Gurken in feine Scheibchen und vereinigt sie dann mit eben so viel rein gewaschenem grünen Staudensalat und macht ihn mit Essig, Oel, Salz und grob gestoßenen Pfeffer an.

277. Kartoffelsalat.

Hierzu sind entschieden kleine oder sogenannte Schmorkartoffeln nöthig, die durchaus nicht mehlig sind. Sie werden, wenn man sie gewaschen hat, rasch weich gekocht, alsdann geschält, in fast federkielstarke Scheiben geschnitten und wenn sie noch warm sind, mit einer dazu bereiteten Brühe vermengt, die wie folgt, bereitet wird. (Es läßt sich hier keine ganz genaue Bestimmung angeben, man muß durch öfteres Anmachen solcher Salate sich den Ueberblick verschaffen, bei jeder Quantität sogleich das richtige Maß zu treffen.) Man rührt hierzu in einer irdenen Schüssel mit einem Holzlöffel einen Eßlöffel voll Senf, dem nöthigen Salz, ein wenig Pfeffer und eine Messerspitze voll ganz fein geschnittene Zwiebel oder Chalotten mit ungefähr zwei Obertassen voll feinem Salatöl, welches man, unter fortwährendem Rühren mit der einen Hand, tropfenweise mit der andern zulaufen läßt, glatt und recht durch einander. Alsdann gießt man ebenfalls langsam und unter fortwährendem Rühren den nöthigen Essig hinzu, das heißt so viel, als man glaubt, daß die ganze Quantität zu Salat bestimmten Kartoffeln nicht nur damit benäßt, sondern auch die ganze Brühe in sich aufnehmen werden. Damit vermengt man die in Scheiben geschnittenen, noch halb warmen Kartoffeln, deckt den Salat zu und läßt ihn ruhig so lange stehen, bis er völlig kalt geworden ist. Wenn dieß geschehen, wird er nochmals durchmengt und abgeschmeckt und sollte er zu stark geworden sein, denn er darf nur schlüpfrig werden, so wird er noch mit ein wenig Essig, der nicht so sehr scharf sein darf, und ein wenig Oel verdünnt und angerichtet.

278. Krautsalat.

Halb Rothkraut- und halb Weißkrautköpfe werden von ihren äußeren Blättern befreit und in Viertel geschnitten, wo man den innern Strunk davon ausschneidet und dann entweder ganz fein hobelt, oder mit dem Messer auf einem Brete so fein als nur möglich schneidet. Dieses geschnittene Kraut legt man in eine irdene Schüssel, in welcher man es dann leicht einsalzt und längere Zeit zugedeckt stehen läßt. Während dieser Zeit schneidet man ¼ Pfund Speck kleinwürfelig, läßt ihn gelb braten, nimmt ihn vom Feuer, gießt ⅛ Kanne Wasser und ⅛ Kanne leichten Essig dazu, dann 1 Teller voll von dem Krautsalat hinein und läßt ihn eine halbe Stunde dünsten, wenn er weich ist, mit 2 Eidottern, wenig Mehl und Wein abgezogen, mit Salz und Zucker abgeschmeckt und warm angerichtet.

Siehe auch unter Gemüse: Rothkraut, gedünstet, Nr. 97. und Weißkraut, gedünstet, Nr. 110.

279. Krautsalat, roh.

Das eingesalzene Kraut, wie oben angegeben, vermischt man mit gestoßenem Pfeffer, Essig und feinem Salatöl und richtet ihn an. Nach Belieben noch mit Sellerie vermischt oder verziert.

280. Peterſilienwurzel-Salat.

Einige Wurzeln, wie Nudeln geſchnitten, in Waſſer weich gekocht, abgegoſſen, dann mit viel gehackter Peterſilie untermengt, mit Eſſig, Oel, Salz und Pfeffer gut abgeſchmeckt. Das Waſſer von den Wurzeln braucht man zur Suppe.

281. Rapunbicaſalat.

Dieſe Wurzeln werden geputzt, gewaſchen und in leicht geſalzenem Waſſer weich gekocht, der harte Strunk herausgezogen und beſeitigt, die Wurzeln in ſchräge Scheiben geſchnitten und mit Eſſig, Oel und Salz angemacht.

Man verziert dieſen Salat damit, daß man ein grünes Kränzchen von Rapünzchen, die man zuvor geleſen, gewaſchen und mit Eſſig und Oel angemacht hat, herumlegt, während man die Mitte mit gereinigten Sardellen belegt.

282. Rapünzchenſalat.

Dieſe werden geleſen, gewaſchen, mit rohem, fein länglich geſchnittenem Rettig vermiſcht und mit Salatöl ſorgſam vermengt; dann rührt man in einem Töpfchen Eſſig, Salz und Pfeffer ein, ſchmeckt es ab und gießt es über die Rapünzchen.

283. Rotherübenſalat.

Eine Mandel mittle rothe Rüben werden gewaſchen, aber nichts davon abgeſchnitten oder abgeſchabt, mit kaltem Waſſer an's Feuer geſetzt und weich gekocht, dann geſchält und ſo geſchnitten, daß ein Ende ſo dick iſt wie das andere, ſchüttet ſie in einen Topf, ſtreuet eine Obertaſſe roh geſchnitten Meerrettig dazwiſchen,

wie auch Kümmel, 1 Kanne kochenden Weinessig nnd
das Rübenwasser nebst Salz darüber gegossen. Die
Art, sie so ganz einzulegen, ist besser, als in Scheiben,
sie bleiben viel röther und man kann sie dann zum
Salat schneiden wie man will.

Man muß sich stets in Acht nehmen, daß man die Rüben
wenn sie noch roh sind, nicht verletzt; denn mit dem Auslaufen
des Saftes verlieren sie auch ihre schöne Farbe.

284. Rübsensalat.

Wenn der Rübsen rein gelesen und gewaschen ist,
wird er fein gewiegt, dann mit Essig, Salatöl, Salz,
Pfeffer und nach Belieben auch mit etwas Zucker angemacht.

285. Selleriesalat.

Wenn man den Sellerie gehörig abgeputzt und gewaschen hat, wird er in leicht gesalzenem Wasser weich
gekocht, und wenn man ihn in kaltem Wasser ein wenig
hat verkühlen lassen, so wird er in Scheiben geschnitten,
mit Salz, Pfeffer, Salatöl und Essig gut gemischt und
angerichtet. —Oder den Sellerie gleich roh in Scheiben
geschnitten, mit Wasser, etwas Salz und wenig Essig
weich gekocht, und darin erkalten lassen. Beim Anrichten
Oel und Pfeffer darüber. Mit Rapünzchen verziert,
wie bei Rapundicasalat Nr. 281.

286. Spargelsalat.

Der grüne Spargel wird in Zoll lange Stücken
im Wasser abgekocht, mit Essig, Oel, Salz und Pfeffer
unterrührt und abgeschmeckt. — Auch kann man abgekochten großen Spargel ganz mit Essig und Oel, nebst
etwas Pfeffer darüber gestreut geben.

237. Staudensalat. Grüner Kopfsalat.

Die Salatköpfe werden von den dunkelen, äußeren Blättern bis dahin befreit, wo die inneren Blätter eine gelblichgrüne Farbe annehmen, in Viertelstücke geschnitten und recht sorgfältig durchgesehen, damit sie nichts Unsauberes mehr enthalten. Man wäscht ihn dann nochmals recht rasch aus dem Wasser heraus, thut ihn in einen Salatkorb und läßt ihn rein ablaufen. Aber sowohl das Zuputzen als Auswaschen und Ablaufen desselben darf nicht zu lange vor dem Gebrauch vorgenommen werden und man muß alsdann sogleich zum Anmachen des Salats schreiten, was eben so rasch vor sich gehen muß, weil er nur frisch und dabei sorgfältig angemacht, wohlschmeckend ist. Je nach der Quantität wird nun 1 oder 2 Eidotter in einer dazu bestimmten Schüssel mit wenig Tropfen Tafelöl und ein wenig Senf oder Essig mittelst eines Löffels nach und nach glatt gerührt und unter fortwährendem Rühren mit etwas Salz und ein wenig fein geschnittenem Schnittlauch und so viel Tafelöl hinzugefügt, als man für nöthig erachtet. Hierin nun wendet man kurze Zeit und recht schnell den gewaschenen Salat sorgfältig herum und setzt ihn sogleich auf den Tisch.

288. Staudensalat, einfach.

Der Salat wird, wenn er gereinigt, gewaschen und abgetropft ist, erst mit Tafelöl begossen und mittelst eines Salatlöffels und Gabel behutsam unterrührt; dann vermischt man Essig, Salz und etwas fein geschnittenen Schnittlauch, schmeckt es ab und unterrührt es mit dem

eingeölten Salat. Nach Belieben kann man noch klaren
Zucker darüber streuen.

289. Staudensalat, warm, mit Speck.

Den Salat gelesen, gewaschen, in ein Geschirr gethan und abtropfen laffen, dann in einem Tiegel würflig
geschnittenen Speck, nebst einer zerschnittenen Zwiebel
auf schwachem Feuer gelb geröstet, dann vom Feuer
abgenommen, 2 Löffel Waffer und den nöthigen Essig
zugegoffen, etwas gesalzen, nochmals aufkochen laffen
und kochend darüber gegoffen, dann behutsam unterrührt, zugedeckt und gleich warm gegeffen.

Compotes.

290. Compote von Borsdorfer=Aepfeln.

Den Borsdorfer Aepfeln (etwa ½ Schock) werden mit
einem Aepfelausstecher die Kernhäuser oder Griebse
heraus gestochen, geschält, die Schalen und Griebse mit
Waffer ½ Stunde gekocht, das Waffer davon durch
ein Sieb in ein flaches Kafferoll gegoffen (und die Schalen
und Griebse weggethan), ¼ Kanne Wein, ½ Pfund
Zucker, Citronenschale, Zimmt dazu; wenn es kocht, so
legt man die Aepfel hinein, zngedeckt und weich kochen
laffen; sie dürfen nicht lange kochen, und müssen ganz
bleiben; nimmt die, welche weich sind, mit einem Löffel
heraus, die übrigen alle so abgekocht, dann den Satz
durch ein Sieb in ein kleines Kafferoll gebracht, von

¹/₂ Citrone den Saft hinein, noch einmal einkochen laſſen, ſo daß es dicklich wird und nun über die in der Schüſſel bereits zurecht gelegten Aepfel gegoſſen. Nach Belieben mit kleinen Roſinen und geſchnittenen, ſüßen Mandeln beſtreut.

291. Aepfelmus.

Es iſt eine Hauptſache bei Aepfelmus, daß es hübſch weiß ausſieht, und dieſe Farbe erzielt man nur mit weinſauren, großen Aepfeln; von den ſogenannten Zucker-äpfeln wird das Mus immer ein bräunliches Anſehen erhalten. Die Aepfel werden hierzu geſchält und aus-geputzt, und in Scheiben geſchnitten in ein Kaſſeroll gethan, in welchem man ſie nebſt ein wenig Waſſer, damit der Boden des Kaſſerolls feucht wird, Zucker und fein abgeſchälter Citronenſchale zugedeckt in die heiße Röhre oder mit etwas mehr Waſſer auf das Feuer ſetzt und ſchnell weich werden läßt. Wenn man ſie dann vom Feuer abgenommen hat, rührt man ſie gut durch einander und quirlt ſie durch einen feinen Durchſchlag. Nach Belieben auch 1 Löffel Rum darunter gerührt. Wenn es kalt iſt, wird es in einer Compotière ange-richtet und je ſteifer es dann iſt, deſto ſchöner iſt es. Man verziert es mit kleinen Roſinen und geſchnittenen, ſüßen Mandeln.

Will man ſich, etwa bei einem Geburtstage und dergl., einen kleinen Scherz machen, ſo kann man das Aepfelmus mittelſt einer Papierdüte, in welche man durch ein Sieb geſtrichenes Pflaumen-mus gefüllt hat, mit jedem beliebigen Buchſtaben oder Namen verzieren.

292. Compote von Birnen mit Rothwein.

Rothen Wein läßt man aufkochen; in diesen legt man dann ganze, halbe oder in viertel geschnittene Birnen, thut Zucker, Citronenschale und Zimmt dazu und läßt es zu einer dicklichten Brühe einkochen. Beim Anrichten streut man Zucker und Zimmt darüber.

293. Compote von Birnen.

Man schält große, harte Zapfenbirnen (20 Stück), läßt sie ganz, die Stiele daran, in ein Kasseroll oder Topf nebst 6 Stück Nelken, Zimmt, viel Zucker, Citronen-schale, etwas trockne, saure oder frische Kirschen und so viel Wasser darauf, daß es darüber geht, zugedeckt, auf dem Feuer oder in der Röhre 2 bis 4 Stunden kochen, je länger sie kochen, desto röther werden sie; sollten sie zu sehr eingekocht haben und noch nicht weich und roth sein, so muß man immer etwas zugießen, zuletzt läßt man sie wie in Syrup einkochen, richtet sie so auf die Schüssel an, daß die Stiele inwendig kommen, den dicken Saft darüber, kocht das was noch im Kasseroll, mit etwas Wein los und unter die Birnen gegossen.

294. Compote von frischen Pflaumen.

Frische Pflaumen kocht man mit Wasser, Zucker und Zimmt ¼ Stunde, gießt den Saft ab, kocht ihn noch extra dicklich ein und schüttet ihn wieder über die Pflaumen.

295. Compote von geschmorten Pflaumen.

Die Pflaumen mitten durchgeschnitten, die Kerne heraus, dann etwas Butter in ein Kasseroll, wenn sie

steigt, die Pflaumen hinein, nebst ¹/₈ Kanne Wasser
¹/₄ Stunde kochen lassen. Sind sie sehr saftig, so muß
der Saft noch etwas einkochen und über die Pflaumen
gegossen, mit etwas Zimmt und Zucker bestreut, auch
kann man Semmelscheiben in den Saft stecken.

296. Compote von gebackenen Pflaumen.

Die Pflaumen werden mit warmem Wasser ge=
waschen, in einem Topfe mit Wasser ¹/₂ Stunde weich
gekocht, Citronenschale und Wein dazu; wenn sie dick
eingekocht sind, angerichtet, mit Zucker, Zimmt und
geschnittenen, süßen Mandeln bestreut und kalt gegessen.
Auch etwas eingebrennt und mit brauner Butter be=
gossen.

297. Compote von Quitten.

Es giebt Quittenäpfel und Quittenbirnen, allein
es ist gleichviel, welche man zu Compote verwendet.
Sie werden sorgfältig geschält und wenn sie groß sind,
in Viertheile, wenn sie aber nicht so groß sind, in
Hälften geschnitten, aus welchen man das Kernhaus
entfernt. Wenn man sie gewaschen hat, so werden sie
zuvörderst in kochendem Wasser ¹/₂ Stündchen stehen
gelassen, alsdann auf einen Durchschlag abgegossen und
wie die Birnen mit vielem Wasser, Zucker, Zimmt
und Citronenschale auf das Feuer gesetzt, worauf sie
mehrere Stunden kochen müssen, bis sie ebenfalls eine
braunrothe Farbe erhalten haben und die Brühe zu
einem dicklichen Syrup eingekocht ist. Man läßt sie
dann verkühlen und wenn sie kalt sind, werden sie so
zierlich als möglich in einer Schüssel angerichtet.

Will man Quittengelée gewinnen und das Compote damit belegen, so kocht man die Schalen nebst Kernhäuser in 1 Kanne Wasser ½ Stunde, dann gießt man es durch ein Haarsieb und verkocht die Brühe mit ½ Pfund Zucker zur Hälfte ein, gießt sie auf einen flachen Teller und schneidet nach dem Erkalten das Gelée in beliebige Streifchen.

298. Compote von Aprikofen.

Die Aprikosen werden geschält, in zwei Hälften getheilt und die Kerne davon entfernt. Nun wird zu 1 Pfund Aprikosen ½ Pfund Zucker auf dem Feuer mit Wasser klar eingemacht, hierin werden die Aprikosen langsam gar gemacht, aber recht vorsichtig, damit sie nicht zerfahren. Wenn sie darin alle gleichmäßig weich geworden sind, werden sie vom Feuer abgesetzt und wenn sie verkühlt sind, werden sie mit ihrer Brühe, die nicht so dünn sein darf, in einer Schüssel angerichtet.

299. Compote von Hagebutten.

Die getrockneten eignen sich hierzu am besten. Wenn man sie nämlich kurze Zeit vorher in kaltem Wasser erweicht hat, wäscht man sie mehrere Male und setzt sie dann mit eben so viel großen Rosinen, Zucker, Citronen= schale und Zimmt, und mit halb Wasser, halb Weiß= wein auf das Feuer und läßt sie weich und dabei so weit einkochen, daß sie noch mit dem nöthigen Saft umgeben sind, ohne dabei zu dünn zu sein. Man stellt sie dann zum Verkühlen, und wenn sie völlig kalt ge= worden, werden sie in einer Schüssel angerichtet.

300. Compote von Heidelbeeren.

Die gewaschenen Heidelbeeren läßt man in einem

Topfe oder paſſenden Kaſſeroll mit hinreichendem Zucker
recht heiß werden und einmal derb durchkochen, denn
ſie ſind ſchnell weich, und gießt ſie dann gleich auf
einen Durchſchlag über ein Gefäß, in welchem man
den abfließenden Saft auffängt und ſelbigen wiederum
auf dem Feuer ſo kurz einkochen läßt, als es für die
Beeren nöthig iſt. Man thut alsdann die Beeren wieder
dazu und läßt ſie, nachdem man ſie darin herumge=
ſchwenkt, verkühlen. Wenn ſie kalt geworden, richtet
man ſie in einer Schüſſel an, auf deren Boden man
einige Zwieback = oder Semmelſcheibchen gelegt, damit
der etwa noch zu dünne Saft ſich darin verliert, und
überſtreut ſie mit geſtoßenem Zucker und Zimmt.

301. Backobſt.

Hierzu nimmt man getrocknete Aepfel, Pflaumen,
Birnen und ſaure Kirſchen. Jede dieſer Sorten wird
einzeln und für ſich ſo lange gekocht, bis ſie bald weich
iſt, alsdann aber werden ſie alle mit einander vereinigt,
damit ſie noch kurze Zeit zuſammen kochen und der ver=
ſchiedene Geſchmack derſelben ſich mit einander verbinden
kann, und einige Eßlöffel voll Mehl, das in brauner
Butter braun geröſtet iſt, dazu gethan, damit die Sauce
um die Früchte herum ſeimig wird. Das auf dieſe
Weiſe zubereitete Backobſt, obgleich es oft als Compote
verlangt wird, giebt man am häufigſten zu Klößen,
weil es ſtets warm angerichtet wird.

Will man dieſes Backobſt kalt geben, ſo iſt es beſſer die Sauce
mit einem Theelöffel voll Kartoffelmehl zu verdicken, was auch bei
Birnen, Pflaumen u. ſ. w. angewendet werden kann.

Eingemachtes.

Zum Einmachen der Früchte ist stets guter Zucker und Essig zu nehmen, weil durch die so beliebte Anwendung von geringem Zucker und Essig das Eingemachte leicht verdirbt. — Auf jede Art eingemachter Früchte lege man vor dem Zubinden ein passend geschnittenes Stück Schreibpapier in Rum getränkt, was ganz besonders vor Schimmel schützt.

302. Preißelsbeeren.

Zum Einkochen der Preißelsbeeren, welche jedenfalls zuvor sorgsam gelesen sein müssen, rechnet man auf eine Metze Beeren 1 Pfund Zucker. Man kann zwar selbiges auch ohne Zucker bewerkstelligen, sie schmecken jedoch mit Zucker eingekocht besser, als wenn man sie erst mit gestoßenem Zucker kurz vor dem Genuß versüßt. Man läßt sie daher gleich mit Zucker in einem Kasseroll einmal ordentlich durchkochen, worauf man sie in Töpfe oder Büchsen füllt und wenn sie erkaltet sind, zugebunden an einem kühlen Ort zum Gebrauche aufbewahrt.

Haben die Beeren zu viel Brühe, so kann man solche zuvor abgießen, etwas einkochen und dann wieder über die Beeren gießen; auf diese Weise verlieren sie nichts von ihrer schönen, rothen Farbe. Beim Gebrauch können sie nach Belieben noch mit Zucker, Wasser, Wein, auch guter Sahne verdünnt werden.

303. Hagebutten mit Zucker einzumachen.

Die Hagebutten der Länge nach aufgeschnitten, mit

einem Löffel die Kerne herausgemacht, dann auf ein leinenes Tuch geschüttet und sie abgerieben, daß das Rauhe abgeht, gewaschen, ¼ Stunde in viel Wasser gekocht und wieder abgegossen. 1 Pfund Zucker so lang gekocht, bis er dicklich wird und Faden zieht, ¾ Pfund Hagebutten hinein und verkühlt in Gläsern aufgehoben.

304. Heidelbeeren.

Zu 10 Flaschen nehme man 15—16 Kannen gute, frische Heidelbeeren, lese und wasche sie rein und nachdem sie gut abgetropft sind, stellt man sie in Töpfen in die heiße Röhre und läßt sie unter mehrmaligen Rühren langsam aufkochen. Nun füllt man sie noch heiß in die sorgsam rein gemachten Flaschen, welche mit neuen, abgebrühten Pfropfen sofort zugemacht werden und stellt sie an einen kühlen Ort.

Sollte sich beim Verbrauch ein Schimmelhäutchen zeigen, so zieht man solches mit einem Drahthäkchen ab. Beim Anrichten werden sie nach Belieben mit Zucker versüßt.

(Aus Zschopau im Erzgebirge.)

305. Stachelbeeren mit Zucker einzumachen.

Man kocht ¾ Pfund Zucker, bis er Faden zieht, schüttet 1½ Pfund von Stielen und Blumen befreite, noch harte Stachelbeeren dazu, läßt sie aufkochen, auf ein Sieb gethan, daß sie ablaufen, und den Saft zu dickem Syrup eingekocht. Wenn er überkühlt ist, die Beeren wieder darunter und in Gläser gethan.

306. Pflaumen in Essig und Zucker.

Recht reife, schöne, große Pflaumen, die vom Baume mit den Stielen gepflückt sein müssen, von

welchen man die Hälfte abschneidet, werden in Büchsen,
steinerne Töpfe oder Gläser mit dazwischen gestreuten
Nelken und gebrochenen Zimmtstücken gelegt und mit
so viel Essig übergossen, daß sie völlig damit bedeckt
sind. Zu dem hierdurch abgemessenen Essig nimmt man
auf jedes Nößel ½ Pfund Zucker, welches man zu=
sammen kochend werden läßt, und wenn es wieder
völlig kalt geworden ist, darüber hinweg gießt, und fest
zugebunden an einem kühlen Ort aufbewahrt. Nach
Verlauf von ungefähr 8 Tagen gießt man der Sicherheit
wegen den Essig nochmals von den Pflaumen ab, läßt
selbigen einmal aufkochen, wobei man ihn sorgfältig
abschäumt, und wenn er dann wieder völlig kalt ge=
worden ist, über die Pflaumen gießt und selbige wieder
fest verbunden zum Aufbewahren in den Keller stellt.

307. Pflaumen, eingekochte.

Gute, ausgesuchte Pflaumen, aus denen man die
Kerne geschnitten hat, werden in irdenen Töpfen o h n e
Wasser gekocht und während dieser Zeit b e h u t s a m
umgerührt, damit sie nicht anbrennen, aber doch auch
nicht ganz zerfahren. Dann füllt man diese Pflaumen
noch heiß in enghalsige Einmachegläser, und läßt sie
24 Stunden offen stehen und auskühlen; nun bedeckt
man die Pflaumen mit Schreibpapier, welches mit Rum
angefeuchtet ist, gießt darüber heißes Faßpech, damit
keine Luft hinzutreten kann und stellt sie kühl. Soll
ein Glas hiervon zum Verbrauch aufgemacht werden,
so wird es in heißes Wasser gehalten, wodurch das
Pech heiß wird und sich leicht ablöst; die Pflaumen
werden dann noch mit Zucker versüßt.

Diese Pflaumen sind von frischgeschmorten kaum zu unter=
scheiden.

308. Kirschen in Essig und Zucker.

Sie werden genau und nach Vorschrift wie die Pflaumen in Essig und Zucker behandelt und zubereitet und nach der angedeuteten Art in den Keller zum Aufbewahren gestellt.

309. Pflaumenmus.

Süße, reife Pflaumen befreit man von den Kernen und schneidet sie so klein wie möglich (größere Patieen werden gleich gestampft) und kocht sie unter fortwährendem Rühren mit folgenden Gewürzen, als Zimmt, Nelken, unreifen Nüssen und ganz reifen Hollunderbeeren zu einem dicken Muse ein. Glaubt man, daß es genug eingekocht ist, so thut man etwas davon auf einen Teller, und zeigt sich hier keine Flüssigkeit um das Mus, so ist es fertig, andernfalls mnß es noch länger kochen. Je nachdem man nun eine größere oder kleinere Quantität gekocht hat, wird es in steinerne Töpfe oder Fässer gefüllt, die, wenn das Mus erkaltet ist, fest zugebunden oder zugeschlagen werden, damit keine Luft eindringen kann, und bewahrt sie dann an einem trockenen, kühlen Ort bis zum Gebrauch.

(Aus Zörbig bei Halle.)

310. Eingemachter Kürbis.

Ein Pfund Kürbis (gute Art Melonen-Kürbis) wird geschält, in feine Stückchen geschnitten und in Gläser gelegt, dann mit so viel Essig übergossen, bis er darüber steht, und 24 Stunden so stehen gelassen. Dann kocht man ³/₄ Pfund Zucker, ein kleines Stückchen Zimmt und Citronenschale mit einer Tasse Wasser bis es schäumt,

nimmt nun den Kürbis aus dem Essig heraus und kocht
ihn in diesem Zucker weich; ist dies geschehen, wird der
Kürbis mit dem Schaumlöffel herausgenommen und der
Zucker nochmals gekocht, bis er Faden zieht, und heiß
über den in Gläser gelegten Kürbis gegossen. Den zweiten
Tag wird der Zucker abgegossen, noch einmal aufgekocht,
und gleichfalls warm darüber gegossen. Nach vollständigem
Erkalten wird ein in Rum getränktes Papier darüber gelegt und mit Blase zugebunden.

Der zum Uebergießen benutzte Essig läßt sich noch ganz gut
zu Ragout oder Kartoffelsalat verwenden

311. Estragonessig.

Vom grünen Estragon die Blätter abgestreift, füllt
eine Flasche halb voll von diesem Estragon, untermengt
mit einigen Lorbeerblättern, Thymian, Citronenschale,
etwas Muskatenblumen, einigen Chalotten, und gießt
es voll Weinessig, setzt die Flasche an die Sonne und
läßt es einige Tage durchwärmen, durch ein Löschblatt
gegossen und an einem kühlen Orte aufbewahrt. Oder
in großer Quantität in ein Fäßchen, wo man auch die
Stiele von dem Estragon dazu nimmt, dann ebenfalls
mit Weinessig vollgefüllt. Das Fäßchen läßt man im
Keller Monate lang liegen, jemehr von den Sachen
hinein kommt, desto stärker schmeckt es darnach. Dann
in Flaschen gefüllt, so hält er sich Jahre lang (wenn
der Essig gut war.)

Diesen Essig nimmt man gern zu Saucen und Salat; auch
zu eingemachten Bohnen, Gurken und türkischen Weizen.

312. Perlzwiebeln in Essig.

Die kleinen, weißen Perlzwiebeln werden, wenn
sie sorgfältig geschält sind, in kochendem Essig mit ein

wenig Salz ziemlich weich gekocht, alsdann auf den
Durchschlag gegossen, und wenn sie darauf verkühlt sind,
in kleine Gläser oder Büchsen gepackt, in welchen man
sie mit kaltem Weinessig, den man zuvor hat kochen
lassen und dabei abgeschäumt hat, übergießt und sie,
mit Schweinsblase fest umbunden, in den Keller zum
Aufbewahren stellt.

313. Türkischer Weizen.

Man nehme hierzu die jungen Aehren von der
Größe und Stärke eines kleinen Fingers. Sie werden,
wenn sie abgeputzt sind, mehrere Tage in Salzwasser
gelegt, mit welchem man mehrere Male wechseln muß,
alsdann in kochendem Salzwasser mit ein wenig Essig
5 Minuten lang gekocht und dann in demselben zum
Verkühlen bei Seite gesetzt. Man gießt sie alsdann
auf einen Durchschlag, schüttet sie auf ein reines Tuch,
damit sie völlig abtrocknen, und packt sie von da in
passende, kleine Gläser, in welchen man sie mit kaltem
Weinessig übergießt den man zuvor mit einigen Nelken,
Pfefferkörner und etwas Muskatenblumen aufgekocht
und dabei abgeschäumt hat. Diese Gläser werden dann
mit Schweinsblase fest verbunden und im Keller aufbewahrt.

314. Rothe Rüben.

Wenn man selbige abgewaschen und nichts davon
abgeschnitten hat, denn sonst behalten sie nicht die schöne
rothe Farbe, setzt man sie mit kaltem Wasser ans Feuer
und läßt sie weich kochen. Dann werden sie geschält,
in feine Scheiben geschnitten und nebst recht feinwürfelig
geschnittenem Meerrettig in steinerne Töpfe geordnet,

worauf man sie mit gutem Essig übergießt, daß selbiger
darüber hinwegsteht.

Siehe auch unter Salate: Rotherübensalat, Nr. 283.

315. Grüne Bohnen in Essig.

Man nimmt hierzu junge Bohnen, zieht hiervon
die Fäden auf beiden Seiten ab, macht nun Salzwasser
kochend, und thut etwa 2 Hände voll Bohnen hinein,
läßt es überwallen, und fährt mit gleicher Quantität
bei jedem Male Ueberwallen des Salzwassers so fort,
bis das Geschirr voll ist. Sind die Bohnen weich gekocht, nimmt man sie heraus und läßt sie verkühlen.
Während dem belegt man den Boden eines steinernen
Topfes mit ein wenig geschnittener Dille, Pfefferkraut,
Estragon und 1 Lorbeerblatt, thut darauf eine Schicht
von den abgekühlten Bohnen, nun wieder eine Schicht
Kräuter, dann wieder Bohnen und so fortgefahren, bis
der Topf voll ist, jedoch muß die letzte Schicht aus
Kräutern bestehen, worunter noch extra gröblich gestoßener
Pfeffer, Neuewürze und wenig Nelken gestreut wird.
Nun kocht man Weinessig (ist dieser scharf, so nimmt
man 3 Theile Essig und 1 Theil Wasser), läßt ihn
etwas verkühlen und gießt ihn über die Bohnen, so daß
er darüber steht, legt ein Holzdeckelchen darauf, welches
mit einem Stein beschwert wird. Diese so zubereiteten
Bohnen können schon andern Tags genossen werden.

316. Pfeffergurken.

Die hierzu ausgesuchten kleinen Gurken werden,
wenn sie recht rein gewaschen sind, mit Pfeffer, Salz,
Neuewürze, etwas Pfefferkraut und einigen Chalotten
in Gläser gepackt und mit aufgekochtem, geschäumtem

Weineffig kalt übergoffen, so daß der Effig darüber steht, und mit Schweinsblafe zugebunden an einen kühlen Ort gesetzt. Am 9. Tag öffnet man sie, gießt den Effig davon ab, kocht ihn nochmals auf, schäumt ihn dabei ab und füllt ihn, wenn er wieder kalt geworden, in die Gläser über die Gurken, so daß er darüber steht. Man verbindet die Gläser dann nochmals und stellt sie in den Keller.

317. Gewöhnliche, saure Gurken.

Man wäscht 3 Schock schöne, egale, große Gurken mit einer Bürste rein ab, legt solche entweder in ein Weinfaß, oder sonst ein gut ausgebrühtes Faß und zwar am Boden erst eine Schicht Pfefferkraut, viel frische Dille, etwas Fenchel, legt die Gurken dicht neben einander darauf, dann wieder eine Schicht dergleichen möglichst frische Kräuter und Gurken, und so fort, bis das Faß voll ist, zuletzt Kräuter.

Nachdem nun der Böttcher das Faß zugespundet hat, löst man 2 Pfund Salz in 36 Dresdner Kannen kalten Brunnenwasser auf, rührt es tüchtig durch und gießt nun so viel davon durch das Zapfenloch, daß es mit dem Rande des Fasses gleichsteht. Der Schaum, welcher durch die Gährung oben auf entsteht, muß alle 2—3 Tage abgenommen und das Salzwasser auf der Oberfläche des Fasses alle 8 Tage aufgetrocknet werden, welches man sofort durch neues Salzwasser, ebenfalls mit dem Rande des Fasses gleichstehend, ersetzt. Dieses Verfahren muß mindestens 3 Wochen fortgesetzt werden, dann korkt man das Zapfenloch fest zu und sieht bisweilen nach, ob die Lake noch bis an den Kork reicht, wo nicht, so wird wieder frisches Salzwasser zugegossen,

und der Kork fest draufgesteckt. Nachdem man dieses
2 Monate lang sorgsam beobachtet hat, kann das Faß
ruhig bis in's Frühjahr hinein stehen bleiben, ohne be=
fürchten zu müssen, daß die Gurken verderben, oder alt
schmecken. Ist das Faß geöffnet und sind Gurken da=
von genommen, so legt man ein Stückchen weiße Lein=
wand oder eine Serviette auf die übrigen Gurken und
zwar so, daß die Leinwand ringsherum im Fasse fest
anliegt, dann einen Holzdeckel und Stein darauf. Beim
jedesmaligen Gebrauch nun fängt man mit der Lein=
wand vorsichtig den entstandenen Kan auf, wäscht Deckel
und Leinwand sorgsam ab, wodurch man stets schöne
helle Lake behält und die Gurken selbst bis zur Letzten
ihren frischen Wohlgeschmack behalten.

Um saure Gurken in 8 Tagen gut zu haben, legt man
1 Mandel frische Gurken mit 1 Bündchen möglichst frischer Dille
in einen passenden Steintopf, gießt 3 Dresdner Kannen kaltes
Brunnenwasser, worinnen man 8 Loth Salz aufgelöst hat, darüber,
beschwert sie mit einem Holzdeckelchen und Stein, und läßt sie in
der Küche gähren. Den Schaum nimmt man mitunter ab und
gießt etwas Salzwasser nach, wobei der Reinlichkeit wegen der
Topf in eine Schüssel gestellt ist.

(Eingesandt aus Naumburg a. S.)

318. Senfgurken.

Eine Mandel große, reife Saamengurken werden
geschält, halb auseinander geschnitten, die Kerne heraus=
gemacht und jede Hälfte in 4 Theile getheilt, dann mit
Salz eingerieben und so 24 Stunden in einer Schüssel
liegen gelassen. Nach dieser Zeit wird jedes einzelne
Stück mit einer reinen Serviette abgetrocknet, in den
dazu bestimmten Steintopf gelegt und mit kochendem
Essig übergossen. Nach 2 Tagen gießt man den Essig

davon ab, kocht ihn wieder auf und gießt ihn ebenso kochend über die Gurken; abermals nach 2 Tagen gießt man den Essig wieder ab und kocht ihn zum dritten Mal mit etwas Zucker. Während dieser Zeit legt man die Gurken in eine reine Schüssel und macht folgende Gewürze zurecht: 2 Loth weißen und 2 Loth schwarzen Senf, etwas grob gestoßenen Pfeffer, Neuewürze und Nelken, ¼ Stange Meerrettig in feine Würfelchen geschnitten, desgleichen ½ Zehe Knoblauch und 2 weiße Zwiebeln, Estragon, Basilicum und frische Lorbeerblätter; mit diesen verschiedenen Gewürzen werden die Gurken schichtweise in den Topf gethan (zwischen jede Schicht etwas von den sämmtlichen Gewürzen), obenauf gleichfalls von den Gewürzen und dann wird der zum dritten Mal gekochte Essig heiß darüber gegossen. Der Essig muß über die Gurken stehen, dadurch halten sie sich besser. Der Topf wird dann mit Schweinsblase fest zugebunden und in den Keller gestellt.

Um den Topf vor Zerspringen zu schützen, kann man vorher eine erwärmte Serviette darum legen.

(Eingesandt aus Görlitz.)

319. Mixed Pickles.

Es ist dies eine Zusammenstellung englischen Geschmackes und sie besteht meist aus den vorherbeschriebenen Gegenständen, als z. B. türkischen Weizen, Perlzwiebeln mit einigen Zehen Knoblauch und Chalotten, grünen Bohnen, Pfeffergurken, klein geputztem Blumenkohl, den man ebenfalls im Salzwasser nicht zu weich gekocht und dann in Gläsern mit feinem Essig übergossen hat. Alle diese hier angegebenen Gegenstände werden einzeln zu den Zeiten, wo sie reif werden, eingemacht und wenn man sie alle beisammen hat, so vertheilt man

sie nebst Kirschen in Essig in kleine Gläser durch einander, wobei man in ein jedes eine spanische Pfeffer-
schote steckt, alsdann die Gläser mit dem feinsten Essig
voll füllt, mit einem breiten Kork zustöpfelt und, mit
Schweinsblase verbunden, ebenfalls an einem kühlen
Ort zum Aufbewahren stellt.

Gelées.

Das Fundament zu allen Geléés ist ein aus Fleisch, Hirschhorn,
Hühner-, Rinds- und Kalbfüßen, aus Hausen- und allen Fisch-
blasen, durchs Kochen herausgezogener leimiger Saft, welcher
nachdem er fest, derb und kalt ist, Stand heißt. Diese Masse wird
nun mit Obst, Beeren u. s. w. versetzt, und, wenn sie fertig ist,
und die gehörige Consistenz hat, d. h. nicht zu fest und nicht zu
locker, liebliche Farbe und richtigen Geschmack hat, dann ist es
Gelée. In jede Gelée kann eine halbe Erbse groß Salz kommen,
dies erhöht den Geschmack sehr; dann durch eine Serviette gegossen,
aber ja nicht daran gedrückt, sondern die Gelée muß langsam und
ganz ungestört durchlaufen, sonst wird sie trübe; ist sie das erste,
Mal nicht ganz klar geworden, so muß man das Durchgießen nochmals vornehmen, dann läßt man sie etwas verkühlen und gießt
sie an einem kühlen Orte, am besten im Keller, auf Assietten, deckt
sie aber auch sorgfältig zu, denn man sieht auf der hellen, durch-
sichtigen Gelée jedes Stäubchen.

Man vermeide stets, irgend etwas vom Kopfknochen als Zu-
lagen mit in der Bouillon zu kochen, denn die Gelée wird sonst
schwer hell. Dies ist auch bei der Sülze-Bereitung zu beachten.

320. Gelée von Kirschen.

½ Kanne trockene, saure Kirschen im Mörser zerstoßen, 1 Kanne Wasser dazu, läßt es eine halbe Stunde kochen, dann gequirlt und durch ein Sieb zu einem Stand von 4 Kalbsfüßen gegossen (man kann solchen Stand im Keller über Nacht abkühlen lassen, um zu wissen, wie viel Zuguß er wohl noch verträgt, um die gehörige Festigkeit zu behalten), dann 1½ Kanne Wasser, Citronenschale und Saft, ¾ Pfund Zucker, Zimmt, Nelken, 3 frische Eiweiße mit ½ Kanne recht zerquirlt, in einem Kasseroll durch einander auf dem Feuer ge-kocht, bis es klar ist, dann durch ein Tuch laufen lassen und in Assietten gegossen.

321. Fisch in Gelée.

Man läßt einen abgeputzten Fisch eine Stunde in Salz liegen, setzt ihn mit dem nöthigen Wurzelwerk, Gewürz und etwas aufgelöster Hausenblase mit halb Essig und halb Wasser in einem Tiegel zum Feuer, läßt den Fisch weich kochen, aber nicht zerfallen; nimmt ihn dann heraus, läßt die Sauce so lange kochen, bis sie beim Probiren stockt; gießt dann die Sauce langsam durch ein Tuch, damit sie schön klar wird, legt nun den Fisch auf eine Schüssel, gießt die Sauce darüber und stellt es bis zum Gebrauch an einen kalten Ort.

322. Punsch-Gelée.

1 Kanne Wein, von 1 Citrone die Schale, 1 Pfund Zucker, von 4 Citronen den Saft, läßt es zusammen in einem Kasseroll aufkochen, dann 3 Loth aufgelöste Hausenblase in einer halben Kanne Wasser dazu, durch-gegossen, ½ Kanne Arak dazu, in Obertassen gefüllt und

kalt werden laſſen. Dieſes Gelée ſieht nicht ſo klar aus, es ſchmeckt aber gut.

Crèmes.

Dies ſind Speiſen, welche aus Wein, Eiern, Zucker und Citronen beſtehen. Sie laſſen ſich auch recht gut ins Kleine fertigen, weil es eben nach jeder Berechnung paßt; ſollte es ja einmal zu viel werden, ſo verdirbt es nicht, denn es findet ſeine Abnehmer gewiß. Sie werden nach dem Braten gegeſſen.

323. Crème mit Citronen.

6 Eier, 4 Dotter in einem 2 Kannentopf, ¾ Kanne Wein, 8 Loth Zucker und 1 Kaffeelöffel Kartoffelmehl, quirlt dieſes durch einander, ſetzt ein Geſchirr mit drei Kannen Waſſer auf's Feuer, wenn es kocht, den Topf hinein, ſo daß er halb im Waſſer ſteht, quirlt dieſes immerwährend, das Waſſer muß immer in dem Keſſel um den Topf herum kochen, alsdann wird die Maſſe im Topf anfangen dicklich zu werden, da muß man immer auf dem Boden quirlen, bis der Quirl allein darin ſteht, hierauf den Topf auf den Tiſch, von zwei Citronen den Saft dazu, wie auch etwas Citronenzucker, quirlt es durch (es wird etwas zuſammenfallen), dann gleich ſo auf die Schüſſel angerichtet.

324. Crème mit Chocolade.

¼ Pfund Chocolade in 1 Kanne Sahne aufgekocht, in einen 2 Kannentopf, 3 Eier, 4 Dotter und Zucker daju, in Waffer abgequirlt (wird nicht fo fchnell fertig wie von Wein; aber mit Sahne nie auf glühende Koh= len, fondern allemal in Waffer, weil es leicht anbrennt). Wenn es dick genug ift, auf die Affiette angerichtet, mit Bisquit und Chocoladenpläßchen belegt. Diefer Crème wird, wenn er kalt ift, dicker und fefter.

325. Crème mit Wein.

Man rührt in einem paffenden Kafferoll 4 Loth Mehl mit ein wenig von dem Nößel Weißwein, den man fpäter dazu gießt, glatt, thut 8 Eidotter, fo wie etwas Zimmt, 12 Loth Zucker, die fein abgefchälte Schale, als auch den Saft von einer Citrone und den Wein dazu, rührt felbiges auf gelindem Feuer fo lange, bis es anfängt zu kochen, und zieht dann behutfam den steif gefchlagenen Schnee der 8 Eier darunter. Wenn dies gefchehen, ftellt man den Crème an einen kühlen Ort, damit er kalt wird, wobei man ihn immer leicht umrührt, die Citronenfchale und den Zimmt daraus entfernt und ihn dann in einer tiefen Schüffel anrichtet, auf welcher man ihn, mit Bisquits verziert, auf den Tifch giebt.

326. Crème von Punfch

befteht urfprünglich aus dem eben befchriebenen Crème von Wein und wird nur vor dem Anrichten, wenn er völlig erkaltet ift, mit ein wenig feinen Rum abge= fchmeckt.

327. Crème von Apfelfinen.

Diefer Crème wird ebenfalls, wie der Crème von Wein zubereitet, und es werden ftatt der Citrone 2 auf dem Zucker abgeriebene Apfelsinen nebst deren Saft dazu verwendet und im Uebrigen auf dieselbe Art damit verfahren. Ebenso bereitet man

328. Crême von Erdbeeren, Himbeeren oder Johannisbeeren.

Man streicht von einer der drei angegebenen Frucht-sorten 3 — 4 Obertassen voll abgepflückte Beeren durch ein Haarsieb in ein Kasseroll, gießt so viel Weißwein dazu, daß es zusammen 1 Nößel Flüssigkeit bildet, mit welcher man dann 4 Loth Mehl nebst ¼ Pfund Zucker glatt rührt, 8 Eidotter hinzufügt und dies auf gelindem Kohlenfeuer so lange rührt, bis es zu kochen anfängt. Man setzt es sodann vom Feuer ab, zieht behutsam den steif geschlagenen Schnee der 8 Eier darunter und bewegt den Crême mit dem Holzlöffel behutsam so lange, bis er völlig erkaltet ist. Er wird alsdann, wie die vorher beschriebenen Crêmes, mit Bisquits oder mit anderm beliebigen leichten, kleinen Backwerk verziert gegeben.

Saucen zu Fleisch und Fisch.

329. Morchel-Sauce.

Die Morcheln werden, wie bei den Gemüsen Nr. 93 beschrieben ist, gereinigt und gewaschen, alsdann roh mit dem Wiegemesser grobfein geschnitten und in zerlassener Butter auf dem Feuer weich geschwitzt. Nun kocht man gute Fleischbrühe mit Mehl seimig, gießt solche durch ein Sieb darüber und schmeckt es mit Salz, etwas Pfeffer und Peterfilie ab. Man giebt sie sowohl zu Rindfleisch, als auch zu Kalbfleisch verschiedener Zubereitung.

330. Rosinen-Sauce.

Ist bei Nr. 116 zu finden und beschrieben.

331. Kümmel-Sauce.

Man kocht 2 Eßlöffel voll rein gelesenen, im Mörser zerstoßenen Kümmel in guter Fleischbrühe, quirlt dann 2 Eßlöffel voll in Butter oder Fett braun geröstetes Mehl hinzu, läßt es aufkochen und gießt dann diese Sauce durch ein Sieb. Wird zu Schöpsfleisch gegessen.

332. Zwiebel - oder Robert-Sauce.

Feinwürfelig geschnittene Zwiebeln werden in einem Kasseroll mit Butter auf dem Feuer geschwitzt, alsdann thut man einige Eßlöffel Mehl dazu und röstet dies zusammen hellgelb. Nun füllt man kräftige Fleischbrühe, auch übrig gebliebene Bratenbrühe nach und nach dazu, während man es glatt dabei rührt, gießt auch ein wenig Weinessig hinein und läßt sie 8—10 Minuten verkochen, dann schmeckt man sie mit Salz und etwas Pfeffer ab, rührt ganz wenig Senf darunter und quirlt sie durch ein Sieb.

333. Majoran-Sauce.

Ist bei Kalbskopf Nr. 140 zu finden und beschrieben.

334. Eier-Sauce.

Wird bereitet wie bei Hecht Nr. 233 angegeben ist.

335. Holländische Sauce.

Ist bei Barsch Nr. 227 angegeben.

336. Sardellen-Sauce.

Die Sardellen werden gewaschen, sammt ihren Gräten fein gewiegt und in guter Fleischbrühe verkocht. Nun macht man sie mit braun geröstetem Mehl, oder Weißmehl (je nachdem man eine braune oder weiße Sauce haben will) seimig, streicht sie durch ein feines Haarsieb und schmeckt sie mit Citronensaft ab. Hat man sie von Braunmehl gemacht, so kann man sie gleich so auftragen, ist sie aber von Weißmehl, so vereinigt man sie zuvor mit einigen, in 2—3 Eßlöffel voll kaltem Wasser gequirlten Eidottern. Die braune Sauce giebt man zu Schöps- und Rindfleisch, die weiße zu Hühnern, Kalbfleisch und Fisch.

337. Senf-Sauce.

Gute Fleischbrühe wird mit braun geröstetem Mehl oder Weißmehl (je nachdem man eine braune oder weiße Sauce haben will) seimig verkocht, etwas Weinessig hinzugegossen, Senf dazu gerührt, und mit Salz und Pfeffer abgeschmeckt.

338. Madeira-Sauce.

Gute, kräftige Fleischbrühe wird mit Braunmehl, etwas gutem Weißwein, mit der Brühe von einer gebratenen Rindslende oder von dem Braten, zu dem

man die Madeiraſauce geben will, und mit etwas Ci=
tronenſchale, die auf Zucker abgerieben iſt, ſo lange ver=
kocht, bis ſie ſeimig iſt, und mit 1 oder 2 Glas Ma=
deira und ein wenig Citronenſaft abgeſchmeckt.

339. Peterſilien = Sauce.

Eine Partie gereinigte Peterſilie wird nebſt etwas
Zwiebel mit dem Wiegemeſſer recht fein geſchnitten und
in zerlaſſener Butter auf dem Feuer geſchwißt, alsdann
mit guter, kräftiger Fleiſchbrühe und etwas Mehl ver=
einigt noch einigemal aufgekocht und mit Salz ab=
geſchmeckt.

340. Speck = Sauce.

Wird bereitet wie bei S ch l e i e Nr. 231 angegeben iſt.

341. Gurken = Sauce.

Man ſchneidet drei mittelgroße Gurken lang oder
rund, läßt nun 4 Loth feinwürfelig geſchnittenen Speck
in einem Kaſſeroll ſtark zergehen und dünſtet die Gurken
mit etwas Salz darin weich. Nun wird in einem
Töpfchen Bouillon mit etwas Citrone, ein wenig Eſſig
1 Theelöffel voll Mehl, etwas Zucker, geröſtete Sem=
mel, nach Belieben auch Pfeffer eingerührt, unter die
Gurken gemiſcht und damit aufgekocht.

(Eingeſandt aus G. bei Dresden.)

342. Remoladen = Sauce.

Man ſchneidet 8 Chalotten recht fein, und 2 gerie=
bene Zwiebeln, in einen Napf, dann 4 gekochte Ei=
dotter zerdrückt, 4 Löffel Provenceröl, 2 Löffel zerſchnit=

tene Kapern, 3 Löffel Senf und Essig, durch einander,
dann durch ein Sieb gestrichen und diese dicklich gelbe
Sauce mit etwas Zucker, Pfeffer, Nelken und Salz abgeschmeckt; auch wenn nöthig mit etwas Bouillon verdünnt. Sie wird nur kalt zu Fisch und allen kalten Braten und Pökelfleisch gegeben; die Sauce hält
sich 8 Tage und noch länger und kann deshalb davon
viel gemacht werden.

Die Remoladen-Sauce auf andere Art zubereitet, ist bei
Aal marinirt, Nr. 230 zu finden und beschrieben.

Saucen zu Mehlspeisen.

343. Vanille-Sauce.

Eine halbe Stange Vanille wird in kleine Stückchen
geschnitten, die man in wenig kochender Milch langsam
am Feuer auskochen und den Geschmack herausziehen
läßt. Während dem läßt man ein Nößel süße Sahne
auf flüchtigem Feuer schnell kochen, gießt die Vanillen-
milch alsdann dazu, versüßt sie mit ¼ Pfund Zucker
und vereinigt diese noch kochende Sahne mit 4 in wenig
kalter Milch gequirlten Eidottern, unter welche man ein
Eßlöffel Mehl gethan hat, an dem Feuer so, daß sie
nun nicht mehr kocht, aber alles Hinzugethane darin
gar wird und weder die Eier, noch das Mehl darin
roh vorschmecken. Alsdann füllt man sie durch ein
Haarsieb in eine Sauciere und giebt sie nebst der betreffenden Mehlspeise auf den Tisch.

344. Kaffee-Sauce.

¼ Pfund frisch gebrannte Kaffeebohnen werden heiß aus der Kaffeetrommel heraus in ein Nößel kochende, süße Sahne gethan und zugedeckt bei Seite gestellt. Nach Verlauf einer halben Stunde gießt man die Sahne durch ein Haarsieb, läßt sie mit ¼ Pfund Zucker nochmals kochend werden und vereinigt sie mit 5, in kalter Milch gequirlten Eidottern, denen man, wie bei der Sauce von Vanille, ein wenig Mehl beigefügt hat und welches man auf dieselbe Weise darin gar werden läßt, ohne daß es wirklich kocht.

345. Chocolaben-Sauce.

¼ Pfund gute Chocolade wird in einem kleinen Kasseroll nur wenige Minuten in einen warmen Ofen gestellt, damit sie weich wird, und dann mit einem Nößel kochender, süßer Sahne glatt gerührt und mit . 4 Loth Zucker verkocht. Ist sie seimig, so giebt man sie zu der Mehlspeise.

346. Himbeer-Sauce.

Zwei Nößel gepflückte Himbeeren werden mit zwei Obertassen kaltem Wasser auf dem Feuer kurze Zeit gekocht, alsdann der Saft davon durch ein Sieb in ein Kasseroll gedrückt und mit so viel Weißwein, als für 8 Personen nöthig ist, nebst 12 Loth Zucker auf dem Feuer kochend gemacht, mit einem Eßlöffel voll Kartoffelmehl, was man zuvor in wenig kaltem Wasser gequirlt und dann mit der Sauce vereinigt hat, damit sie seimig wird, alsdann abgeschmeckt und in die Sauciére gefüllt.

347. Kirsch-Sauce.

Einige Nößel frische oder auch getrocknete Kirschen stößt man im Mörser klar, thut das Gestoßene in ein Kasseroll, gießt Wasser darauf und läßt es mit einigen Schwarzbrodrinden eine halbe Stunde durchkochen, worauf man etwas Pflaumenmus dazu thut, es hierauf durch einen feinen Durchschlag quirlt und mit Zucker, Zimmt und Nelken würzt.

348. Weißwein-Sauce.

Man rührt in einem kleinen Kasseroll 2 Eßlöffel voll Mehl mit kaltem Wasser ab, nimmt 5 Eidotter, ¼ Pfund Zucker, 1 Nößel Weißwein nebst etwas Zimmt und Citronenschale dazu, rührt Alles durcheinander, läßt die Sauce unter fortwährendem Rühren auf langsamem Feuer kochend heiß werden, damit die darin befindlichen Bestandtheile gar werden, ohne daß die Sauce selbst kocht. Man füllt sie alsdann durch ein feines Haarsieb, schmeckt sie gehörig ab und füllt sie beim Anrichten in die Saucière.

349. Rothwein-Sauce.

Man füllt ein Nößel Rothwein in ein Kasseroll, thut 3 Nelken, etwas Zimmt und 12 Loth Zucker dazu und läßt dies zusammen auf dem Feuer langsam kochend heiß werden. Wenn dies geschehen, so daß der Geschmack hinlänglich aus dem Gewürze herausgezogen ist, so vereinigt man den Wein mit 2 Theelöffel voll in kaltem Wasser gequirltem Kartoffelmehl, damit der Rothwein seimig wird, füllt diese Sauce durch ein Haarsieb und beim Anrichten in die Saucière.

356 Punsch-Sauce.

Diese Sauce wird genau so zubereitet, wie die vorher beschriebene Sauce von Weißwein, und wird nur beim Anrichten mit ein wenig Punschextract abge= schmeckt und in die Saucière gefüllt.

351 Rum-Sauce.

2—3 Löffel Mehl, die man in zerlassener Butter hat schwitzen lassen, werden mit einem Nößel Weißwein aufgefüllt und verkocht, und wenn dies hinlänglich ge= schehen, so schmeckt man die Sauce mit ¼ Nößel guten Rum, ½ Pfund gestoßenem Zucker und beliebigem Ci= tronensaft ab und giebt sie zu der betreffenden Mehlspeise.

352 Pflaumen-Sauce.

Einige Löffel Pflaumenmus werden in einem Tiegel gethan, halb Wein und halb Wasser dazu gegossen, etwas Zucker auf Citrone abgerieben und gestoßene Nelken hinzugethan, zusammen verkocht und durch einen feinen Durchschlag gequirlt.

Puddings.

Puddings, überhaupt Mehlspeisen jeder Art, müssen äußerst vor= sichtig in Bezug auf die Zeit behandelt werden, zu welcher man sie braucht, damit sie weder zu früh, noch zu spät fertig werden. Wenn sie eher fertig sind, als man sie auf den Tisch geben kann, so werden sie jedesmal zusammenfallen und verderben, und es giebt kaum etwas Peinlicheres, als eine zusammengefallene, schliffige Mehlspeise zur Tafel geben zu müssen.

353. Puddings von Schwarzbrod.

Von dem schwärzesten Bauernbrod, was man haben kann, besser noch eignet sich hierzu Commißbrod, schneidet man 6—8 lange Scheiben ab, die man auf einem Backblech im warmen Ofen ganz trocken röstet und dann in einem Mörser fein stößt und durch einen nicht zu feinen Durchschlag reibt, weil es gut ist, wenn das ge= stoßene Brod ein wenig körnig bleibt. Hiervon nimmt man 6 Loth, weicht selbige in einer Schüssel mit einem Glas Rothwein ein, fügt etwas gestoßenen Zimmt nebst 2—3 gestoßenen Nelken dazu und läßt es einstweilen ruhig stehen. Während dieser Zeit rührt man ½ Pfund gebrühte, abgezogene und im Mörser fein gestoßene, süße Mandeln mit 12 Loth Zucker und 10 Eidottern eine gute Viertelstunde lang zu Schaum, thut hierauf das in Wein geweichte Schwarzbrod nebst 4 Loth fein= würfelig geschnittene Orangenschale dazu, zieht behutsam den steif geschlagenen Schnee von dem Weißen der 10 Eier darunter, füllt diese Masse in eine mit Butter stark ausgestrichene Puddingsform, die man noch mit ein wenig von dem gestoßenen Schwarzbrod ausgestreut hat, und stellt sie in ein Kasserol, welches so weit mit kochen= dem Wasser angefüllt ist, daß es bis an den dritten Theil der Formhöhe reicht, deckt das Kasserol zu und läßt es so in der Röhre ¾ Stunde lang kochen. Nach Verlauf dieser Zeit nimmt man die Form heraus, stürzt den Pudding auf eine passende, runde Schüssel und giebt ihn nebst einer Sauce von Kirschen oder von Rothwein auf den Tisch.

543. Pudding von Kartoffeln.

Wenn man hierzu die Kartoffeln in der Schale abgekocht und geschält hat, stellt man sie kalt und reibt sie dann recht fein auf dem Reibeisen. Alsdann rührt man in einer glatten, irdenen Schüssel 12 Loth frische Butter mit 8 Eidottern und ¼ Pfund gestoßenen Zucker, auf welchem man zuvor etwas Citrone abgerieben hat, zu Schaum, thut 24 Loth von den geriebenen Kartoffeln, so wie 4 Loth feinwürfelig geschnittene Orangenschale, 4 Loth Sultanrosinen, 4 Loth gereinigte Corinthen und den steif geschlagenen Schnee von dem Eiweiß der acht Eier dazu, vereinigt behutsam Alles recht gut mit einander und füllt diese Masse in eine, mit frischer Butter gut ausgestrichene Puddingsform, stellt selbige in ein Kasseroll mit kochendem Wasser, was bis zur Hälfte der Form reicht, und kocht den Pudding auf diese Weise, aber zugedeckt, in der Röhre eine Stunde lang, während welcher Zeit man mehrmals nachsehen muß wegen des Wassers, damit, wenn es eingekocht ist, man etwas zugießen kann. Alsdann stürzt man den Pudding aus der Form auf eine passende, runde Schüssel und giebt selbige mit einer Sauce von Himbeeren auf den Tisch.

355. Puddings von Reis.

Hierzu nehme man ein halb Pfund vom besten Reis, wasche ihn mehrmals kalt und brühe ihn zuletzt mit kochendem Wasser auf dem Feuer einmal tüchtig ab. Alsdann gießt man ihn auf einen Durchschlag, kühlt ihn in kaltem Wasser ab, gießt ihn wiederum auf ein Sieb oder Durchschlag, damit alles Wasser davon abläuft und verließ ihn auf einer großen, breiten Schüssel.

Wenn dieß geschehen, so läßt man ihn in einem Nößel guter Milch, die man erst kochen läßt, ehe man ihn hinein thut, auf schwachem Feuer oder in einem nicht zu heißen Ofen zugedeckt, vollständig dick und stark ausquellen, bevor man noch ein kleines Stück Zimmt dazu gethan hat. Wenn er nun dick und fast trocken geworden ist, so nimmt man ihn vom Feuer weg, thut 12 Loth frische Butter hinein, damit sie darin zergeht und läßt ihn so einigermaßen verkühlen. Alsdann thut man 12 Loth klaren Zucker, auf welchem man zuvor etwas Citrone abgerieben hat, dazu, rührt 8 Eidotter nebst einer Hand voll geriebener Semmel darunter, zieht den steif geschlagenen Schnee von den Eiern ebenfalls behutsam darunter und füllt diese Masse in eine, mit frischer Butter bestrichene Puddingsform, die man in einer nicht zu heißen Röhre in ¾ Stunde gar kocht. Alsdann nimmt man die Form heraus, stürzt den Pudding auf eine passende Schüssel und giebt ihn mit einer beliebigen Sauce auf den Tisch.

Alle diese in der Form gar gekochten Puddings können eben so gut auch gebacken werden, nur ist dann die Vorsicht nöthig, die mit Butter bestrichene Puddingsform zuvor mit geriebenem Zwieback auszustreuen.

356. Pudding von Aepfeln.

Hierzu werden in einer irdenen Schüssel 12 Loth Butter mit 12 Loth klarem Zucker, auf welchem zuvor etwas Citronenschale abgerieben worden ist, zu Schaum gerührt und dabei nach und nach 8 Eidotter einzeln und unter fortwährendem Rühren dazu gethan. Während dem hat man 5 altbackene Semmeln fein abgeschält, in Stücken geschnitten, in kalter Milch eingeweicht

und wieder ausgedrückt, so wie 8 große, weinsaure
Aepfel ebenfalls geschält und in Scheiben geschnitten.
Wenn man nun die ausgedrückte Semmel nebst den in
Scheiben geschnittenen Aepfeln mit der zu Schaum ge-
rührten Butter vereinigt und noch ¼ Pfund gereinigte
Corinthen und geschnittene, süße Mandeln dazu gethan
hat, so zieht man den von den Eiern steif geschlagenen
Schnee darunter, füllt diese Masse in eine, mit Butter
bestrichene und geriebener Semmel ausgestreute Puddingsform, setzt selbige in eine nicht zu heiße Röhre
und läßt sie darin in ¾ Stunde gar und goldgelb backen.
Alsdann nimmt man die Form heraus, stürzt den Pudding auf eine passende Schüssel und überstreut ihn mit
klarem Zucker.

Klöße.

Alle Klöße müssen in viel kochendes Wasser, Brühe oder Milch
gelegt, in einem großen Geschirre zugedeckt, gekocht werden; gera-
then sie gut, so sind sie ein eben so nahrhaftes als wohlschmeckendes
Gericht. Ein großer Vorzug ist ihre Wohlfeilheit, weshalb sie
auch bei Vielen wöchentlich wenigstens einmal an die Reihe kommen, an welchem Tage die aus der Schule heimkehrenden kleinen
hungrigen Magen sicherlich jubelnd die Mutter umkreisen: Juchhe!
heute giebt's Klöße!
Gut ist es, wenn ein Kloß zur Probe gekocht wird, um daran
zu sehen, ob die Kloßmasse gut beschaffen ist.

357. Kartoffelklöße.

Ein Topf große, mehlige Kartoffeln werden gekocht,
geschält, und wenn sie kalt sind, gerieben, (am besten

ist es, wenn man sie Tags vorher abkocht), unter diese
geriebenen Kartoffeln thut man den vierten Theil geriebene Semmel und Mehl; hierauf röstet man etwas
würfelig geschnittene Semmel in Fett oder Butter schön
gelb, läßt sie etwas verkühlen, und schüttet sie zu den
mit Semmel und Mehl vermengten Kartoffeln, schlägt
noch zwei Eier hinein, thut etwas gestoßene Neuewürze
und Nelken hinzu, mischt Alles wohl unter einander,
und macht gehörige Klöße daraus. Um sie schön rund
und derb machen zu können, nimmt man ein wenig
Mehl in die Hände.

Sie werden dann in schwachgesalzenes, kochendes
Wasser gethan, und wenn sie wieder anfangen zu kochen,
20 Minuten ununterbrochen und langsam kochen gelassen, dann herausgenommen, auf eine Schüssel gethan,
etwas von der Kloßbrühe oder Fleischbrühe hinzuge-
schüttet und mit geröfteter, geriebener Semmel überstreut; nach Belieben auch braune Butter darüber gegossen. Diese Klöße werden am häufigsten mit Pökel-
Schweinsknochen nebst Sauerkraut gegessen. Auch paßt
eine Pflaumenmusbrühe sehr gut dazu, welche,
wie folgt, bereitet wird: ¼ Pfund Pflaumenmus verdünnt man mit kochendem Wasser, versüßt es mit
Zucker, auf welchem man etwas Citrone abgerieben hat,
läßt es nun aufkochen, quirlt dann einen Theelöffel voll
in Wasser aufgelöstes Kartoffelmehl hinzu und streicht
es durch einen feinen Durchschlag. Bis zum Anrichten
der Klöße stellt man es warm.

Sobald die Klöße fertig gekocht sind, müssen sie aufgetragen
werden, denn sonst werden sie derb.

Sind die Kartoffeln dazu nicht gut und wässerig, so bedarf
es etwas mehr Mehl, weil dasselbe die Klöße zusammenhalten muß;

daher ift, wie bereits oben angegeben, für darin Ungeübte einen Probekloß zu kochen, anzurathen.

358. Voigtländiſche Klöße.

Man reibt geſchälte, rohe Kartoffeln auf dem Reib=
eiſen in eine mit kaltem Waſſer gefüllte Schüſſel und
wenn ſich die geriebenen Kartoffeln geſetzt haben, gießt
man das Waſſer ab, drückt nun die Maſſe löffelweiſe
durch ein reines Tuch feſt aus, damit alles Waſſer her=
auskommt, und lockert ſie in eine andere Schüſſel recht
ſchön auf. Nun quillt man in kochender Milch ſo viel
Gries aus, daß es ein dünner Brei wird, brüht damit
die geriebenen Kartoffeln, thut Salz, einige Eier, wür=
felig geſchnittene, in Butter oder Fett geröſtete Semmel
und ein Löffel voll Weizenmehl hinzu, ſo daß das
Ganze ein lockerer Brei wird, woraus nun die Klöße
auf folgende Weiſe geformt werden: Bei der heißen
Röhre, worinnen ſich ein oder mehrere Töpfe kochendes
Waſſer befinden, ſtellt man ſich den Teig nebſt einer
Schüſſel mit kaltem Waſſer zurecht, taucht beide Hände
in dieſes kalte Waſſer und nimmt von der Kloßmaſſe
ſo viel heraus, als zu einem Kloße nöthig iſt, formt
ihn und thut jeden Kloß ſogleich in das fortwährend
kochende Waſſer. Nach etwa einer Viertelſtunde ſieht
man nach, ob die Klöße gar ſind und giebt ſie dann
nach Belieben zu Schöpsbraten oder Rinds=Sauerbraten.

Eingeſandt aus Reichenbach im Voigtlande.)

359. Voigtländiſche Klöße auf eine andere Art.

Man nehme 2 Theile rohe Kartoffeln und reibe
ſie in einer Schüſſel, gieße darüber kaltes Waſſer, laſſe
die Kartoffeln ſetzen, hernach drücke man ſie aus, jedoch ·

nicht zu sehr. Nun werden sie mit etwas heißer Milch gebrüht. Hierauf thue man 1 Theil gekochte Kartoffeln, Semmel würfelig geschnitten und in Speck gebraten und Salz so viel, als nöthig, hinzu. Jetzt menge man die Masse unter einander und mache runde Klöße dar= aus, thue selbige in kochendes Wasser und lasse sie kochen, bis sie gar sind.

(Eingesandt aus Klingenthal im Boigtlande.)

360. Voigtländer gebackene Knötel.

2 Theile roh geriebene Kartoffeln werden eben so behandelt wie in Nr. 359, dazu 1 Theil gekochte, gerie= bene Kartoffeln, nun gießt man frische Buttermilch oder saure Milch darunter (ja keine süße Milch), thut gerö= steten Speck hinzu, mengt selbiges unter einander, da= mit es ein lockerer Brei wird. Dann wird Fett oder Speck in einer Blechpfanne zerlassen, aus dem Teige flache Kuchen von der Größe einer Untertasse und einen schwachen Finger stark gemacht und solche in der Blech= pfanne auf beiden Seiten braun gebacken.

(Eingesandt aus Klingenthal im Boigtlande.)

361. Kartoffelklöße mit Zwiebeln und Speck.

Will man etwas von gekochten Kartoffeln machen, so müssen sie allezeit einen Tag vorher abgekocht sein, und erst geschält und gerieben werden, wenn man sie braucht.

Eine große Schüssel halb voll geriebener Kartoffeln, (etwa 4 Pfund), ¼ Pfund Speck, röstet Zwiebeln, wie auch 20 Loth würfelige Semmel, nebst 8 Loth Butter trocken ab, ¼ Kanne heiße Milch darauf, dieses zu den Kartoffeln, wie auch 3 Löffel Mehl, 4 Eier, Salz,

Pfeffer, Muskate, Petersilie, 2 Loth geriebene Semmel, durch einander gerührt und ¼ Stunde so stehen lassen, wegen der Semmel; dann Klöße davon derb und recht glatt mit Mehl gemacht. Sollte die Semmel sehr quellen und die Masse zu fest sein und sich nicht machen lassen, so schlägt man noch 1 Ei oder man gießt noch ⅛ Kanne Milch dazu. Oder sollte es zu weich sein, so kommt noch Semmel und Mehl dazu, formirt die Klöße nach beliebiger Größe, dann in 4 Kannen kochendem Wasser und Salz 8—10 Minuten zugedeckt kochen lassen, angerichtet, mit viel brauner Butter und gerösteten Zwiebeln begossen, mit geriebener Semmel bestreut, etwas von dem Kloßwasser darunter gegossen.

Man giebt hierzu Schinken, Pökel- oder Rindfleisch.

362. Bauernklöße, polnisch.

⅛ Pfund Semmel würfelig in Fett oder Butter hart geröstet, 1 Obertasse heiße Milch darauf, rührt 2 Loth Butter mit 2 Eiern ab, ¼ Pfund Mehl und obige Semmel darunter, auch Majoran, Thymian, Petersilie, Neuewürze, dann mit den Händen und Mehl glatte Klöße gemacht; nun legt man sie mit einem großen Anrichtelöffel in viel kochendes Wasser und Salz, 8 Minuten gekocht und mit brauner Butter und Semmel bestreut. Sie werden ohne Fleisch gegessen.

363. Mehlklöße.

Diese werden hier in unserer Gegend höchst selten genossen, und dennoch sind sie recht wohlschmeckend. Jede beliebige Quantität gutes, weißes Mehl, von welcher man Klöße machen will, thut man in eine

13*

irbene Schüffel und schlägt hier ganz nach Gutdünken
2, 4, 6, 8 ganze Eier dazu, je nachdem man viel oder
wenig Klöße davon machen will, thut nach Verhältniß
Salz und ein wenig geriebene Muskatnuß dazu und rührt
nun das Mehl mit allem, was man noch dazu gethan
hat, zu einer zähen, dicken Maffe, die doch noch so weich
ist, daß, wenn man sie kurze Zeit stehen läßt, sie nicht
gleich wieder zusammenläuft. Zuvor aber muß man
schon 1, 2 oder 3 altbackene Semmeln feinwürfelig geschnitten und selbige auf einer Pfanne mit reichlich
brauner Butter in der Röhre gelblich geröstet haben. Mit
diesen vereinigt man das angerührte Mehl, theilt nun
von dieser Maffe Klöße von der Größe einer Faust auf
einem Brete, welches man dick mit Mehl bestreut hat,
mit einem Holzlöffel ab, ballt nun von hieraus jeden
Kloß einzeln, den man zuvor ebenfalls mit etwas Mehl
bestreut hat, in beiden Händen zu einer runden Form
und läßt ihn gleich in ein großes Kafferoll mit kochendem
Salzwaffer fallen. Auf diese Weise verfährt man der
Reihe nach mit den Klößen, die man kochen will, löst
selbige mit einem Holzlöffel von dem Boden des
Kafferolles los, weil sie sich daselbst in den ersten
Minuten, wenn sie in's kochende Waffer kommen, anhängen, und läßt sie schwimmend und ununterbrochen
beinahe 3/4 Stunde darin gar kochen. Wenn sie fertig
sind, müssen sie sogleich auf den Tisch gebracht werden,
denn wenn sie außer dem Waffer auf der Schüffel stehen
bleiben, werden sie fest, und wenn man sie im Waffer
stehen läßt, welches nicht mehr kocht, so ziehen sie Waffer
an sich. Man übergießt sie mit brauner Butter, in
welcher man geriebene Semmel braun geröstet hat.

Bei allen Klößen ist zu beobachten, daß, selbst wenn man sich davon überzeugt hat, daß sie schon gar sind, sie lieber fortkochen zu lassen, wenn man sie nicht gleich brauchen kann, als ruhig im Wasser oder auf der Schüssel stehen zu lassen.

364. Hefenklöße.

1½ Pfund Mehl an einen warmen Ort gestellt, dann ¼ Kanne Sahne, 2 Eier, 3 Löffel dicke Hefen, (oder 3 Loth trockene Hefe) Salz und Muskate, gießt dieses in das Mehl, dann 16 Loth würfelige in 4 Loth Butter etwas geröstete Semmel darunter gemacht, rührt den Teig recht gut ab, er muß etwas derb sein, eine Wurst davon formirt und in so viel kleine Stücken ge= schnitten, als man Klöße haben will, formirt und setzt sie einzelnen auf ein Bret zum Aufgehen, wobei ½ Stunde, auch noch längere Zeit vergeht; wenn sie noch einmal so groß sind, in 4 Kannen kochendes Wasser und Salz neben einander gelegt und 5 Minuten ab= kochen, mit einem Rührlöffel umdrehen, sie werden im Wasser immer größer, dann nimmt man einen heraus, zieht ihn mit Messer und Gabel aus einander; ist er ausgekocht, daß kein roher Teig mehr in der Mitte ist, so sind sie alle gut, wo nicht, so thut man den Kloß wieder hinein und läßt sie noch kurze Zeit kochen, dann gleich alle angerichtet, mit viel brauner Butter und mit Semmel bestreut.

365. Hefenklöße, fein.

Auf 1 Pfund Mehl kommen 4 Eier, etwas Salz, 10 Loth Butter und 1 bis 2 Loth Hefe in lauwarmer Milch aufgelöst. Wenn von sämmtlichen Zuthaten, außer der Butter, der Teig eingerührt ist, schlägt man ihn tüchtig mit der Kelle und gießt von Zeit zu Zeit immer etwas von der abgeklärten Butter dazu bis es ein blasiger, lockerer, leicht vom Geschirr sich lösender Teig wird, aus dem man runde Klöße dreht und dieselben an einen lauwarmen Ort zum Aufgehen stellt. Sind sie nun aufgegangen, so kocht man sie 8—10 Minuten und giebt sie zu Backobst, oder mit Speck- oder Zwiebelsauce.

(Eingesandt aus Görlitz.)

366. Speckklöße.

Man nimmt 4—6 frische Semmeln und schneidet sie in kleine Würfel; nimmt dann 3 ganze Eier und 3 Dotter in ein Nösel Milch, quirlt es gut ab und gießt es über die Semmel; dann schneidet man 6—8 Loth Speck würfelig, läßt ihn in einem Kasserol wenig gelb werden, thut eine geriebene Zwiebel und fein gewiegte Petersilie hinein, brennt die Semmel damit ab, thut 6—8 Löffel voll Mehl darauf und salzt es; vermengt Alles gut unter einander und formirt Klöße daraus (zuvor kann man erst einen zur Probe kochen; sollten sie nicht zusammenhalten, so nimmt man noch etwas Mehl dazu). Man richtet sie mit in Butter braun gerösteter geriebener Semmel an.

367. Griesklöße.

Man lasse ½ Pfund Gries in 2 Nösel Milch oder Wasser Tags zuvor ausquellen. Beim Anfertigen der Klöße nimmt man 4 Loth Butter, rührt diese zu Schaum und nach einander 3 Eier hinzu, Salz und etwas Zucker, dann nach und nach den steifen Gries und zuletzt so viel fein geriebene Semmel als nöthig ist (etwa für 12 Pfennige), damit die Klöße halten, denn der

Teig dazu muß sehr fest sein. Nun werden sie in Salzwasser 5—8 Minuten gekocht und mit irgend einer Fruchtsauce oder Backobst gegeben.

(Aus G. bei Dresden.)

368. Schinkenklöße.

Vier altbackene Semmeln werden feinwürfelig ge= schnitten, 1 Pfund abgekochter Schinken (oder auch der Abfall davon) wird mit einem Wiegemesser fein zu= sammen geschnitten zu den Semmelwürfeln gethan, dann 4 Loth Nierenfett in Würfel geschnitten und ausgebraten, eine Zwiebel fein abgerieben, nebst klein gewiegter Peter= silie zu dem Fett gethan, etwas rösten lassen, und mit dem Schinken und der Semmel vereinigt; alsdann schlage man 6 Eier in einen Topf, quirle sie mit 1½ Nösel guter Milch ab, gieße sie auch hinzu, Salz und 10—12 Löffel voll Weizenmehl hinein und rühre Alles gut unter einander. Nun lasse man es ½ Stunde stehen, mache dann Klöße daraus, koche sie in Salzwasser gar und richte sie an.

369. Schwammklöße.

Ein halbes Nösel Milch läßt man mit ¼ Pfund frischer Butter in einem Kasserott auf dem Feuer kochen, und während man mit der einen Hand darin rührt, läßt man mit der andern ½ Pfund feines, weißes Mehl hinzulaufen, welches man unter fortwährendem Umrühren so lange auf dem Feuer läßt, bis sich das Mehl als ein zäher Teig von dem Boden des Kasserolls ablöst und setzt es dann bei Seite. Wenn es ein wenig ver= kühlt ist, schlägt man nach und nach 4 Eidotter und 2 ganze Eier dazu, vereinigt es mit ein wenig Salz

und geriebener Muskatnuß und sticht dann mit einem
Löffel große Klöße davon ab, die man in kochendes
Salzwasser fallen läßt und darin in 12—15 Minuten
gar kocht. Man hebt sie dann mit dem Schaumlöffel
heraus auf eine Schüssel, übergießt und bedeckt sie mit
viel brauner Butter, in welcher man fein geriebene
Semmel braun geröstet hat, und giebt sie mit brauner
Butter und Backobst.

370. Fleischklöße.

Von gekochtem oder gebratenem Fleische hackt man
das derbe Fleisch klein, untermengt es mit geriebener
Zwiebel, Salz, geriebener Semmel, 2 Eiern, Pfeffer,
Nelken, es muß dick sein, und Klöße davon gemacht,
mit Mehl glatt gemacht, drückt sie etwas breit (auch
in Ei und Semmel umgewendet), bäckt sie auf beiden
Seiten in brauner Butter wie Coteletten braun ab, mit
einer sauren Sauce oder zum Salat angerichtet. Man
kann auch verschiedene Rester von Fleisch durch einander
nehmen, nur ohne Knochen und Knorpel.

371. Thüringer Klöße.

12 Loth Butter mit 2 Eiern, 4 Dottern zu Schaum
gerührt, nebst Salz und Muskatnuß, dann 4 Löffel
feines Mehl nach und nach darunter gerührt, dann
8—10 Loth Semmel abgerieben und würfelig geschnittten,
in Butter geröstet und eben soviel Semmel abgerieben
und würfelig geschnitten, mit Milch befeuchtet, ein Stück
Schinken klein gewiegt, Alles zu dem obigen Teig
gerührt, dann ein Kloß probirt, und wenn er gut ist,
die andern gefertigt, in viel Wasser gekocht, angerichtet,

mit der abgeriebenen Semmel bestreut, und mit brauner
Butter gegeben.

372. Hamburger Klöße.

Ist dieselbe Masse wie zu Thüringer Klöße, nur
anstatt des Schinkens wird geräucherter Lachs mit
Schnittlauch klein gewiegt, ganz wenig in Butter ge=
dünstet, und unter die Kloßmasse gerührt.

373. Niederlausitzer Klöße.

2 Obertassen Grütze in ein Geschirr gethan, so viel
kochendes Wasser darauf gegossen, daß es ein wenig
darüber sieht, und in gelinder Wärme über Nacht aus=
quellen lassen, indessen hat man feinwürfeliges Brod
in Speck geröstet, mit 3 Eiern, Salz und Muskate
unterrührt, zieht die Haut von der Grütze ab, und thut
die Grütze löffelweise zu dem Brod, läßt es einige Zeit
noch quellen, probirt dann einen Kloß, und wenn sie
gekocht sind, angerichtet, mit Semmel bestreut, und mit
brauner Butter (oder Syrup) begossen.

374. Semmelklößchen.

Man läßt 4 Loth Butter in einer Schüssel weich
werden (aber nicht zerlaufen, weil sonst die Klößchen
hart werden); nun wird sie mit einem Löffel zu Schaum
gerührt, hierauf 2 Eidotter und ein ganzes Ei hinzu
gethan und mit der Butter nochmals gerührt, würzt es
mit Muskatnuß, salzt es gelinde, wenn es nöthig ist,
und vermengt diese Masse mit so viel frisch geriebener
Semmel, bis sich Klößchen daraus formen lassen. Nun
läßt man sie einige Mal in kochender Brühe oder Wasser
aufwallen.

375. Gehirnklößchen.

Ist dieselbe Masse wie zu Semmelklößchen, nur daß man etwas mehr geriebene Semmel dazu nimmt und ein in Salzwasser abgekochtes Kalbsgehirn gewiegt darunter mengt.

376. Farceklößchen.

Werden ebenso zubereitet, und kann man statt des Gehirns alle Arten ganz fein gehacktes Fleisch darunter mengen und nach Belieben mit Zwiebeln würzen.

377. Krautklöße.

Hierzu kocht man einen abgeputzten, nicht zu großen Weißkrautkopf in Salzwasser weich, läßt ihn dann gehörig abtropfen, drückt ihn mit einer Serviette noch extra rein aus und wiegt ihn fein. Nun rührt man 8 Loth Butter zu Schaum, dann werden nach und nach 4 ganze Eier dazu gerührt und das fein gewiegte Kraut, nebst etwas Salz hinein gethan und mit 20 bis 24 Loth geriebener Semmel zu einem Teig gemacht, aus welchem man eine Mandel Klöße formt, welche in kochender Brühe oder Wasser mit Salz 8—10 Minuten gekocht werden. Wird vorzugsweise zu Enten-braten gegeben.

378. Schwemmklößchen.

Werden zubereitet wie bei Nr. 41.

379. Reisklößchen.

Es wird ¼ bis ⅜ Pfd. in Wasser überbrühter Reis mit der nöthigen Fleischbrühe, auch von der Suppe abhängig, mit Milch oder Wasser, mit 2 Loth Butter

und etwas Salz steif gekocht; unter abwechselnden
Rühren und Verkühlen wird die Reismasse nach einander
mit 3 ganzen Eiern und 2 Eigelben, 4 Loth Butter,
etwas Muskatennuß und 4 Eßlöffel voll geriebenen
Parmesankäse aufgerührt. Von dieser Masse werden
kleine, runde Klößchen gedreht und solche wie die Schwemm=
klößchen gekocht und in die Suppe gethan.

380. Serviettenkloß.

Man nimmt 1 Pfd. Gries und ³/₄ Kanne Milch
(süße, kalte), rührt dieses zusammen und läßt es
1 Stunde stehen. Während dem röstet man etwa ¹/₂
Pfd. würfelig geschnittene Semmel in Butter, nimmt
3 Eier und so viel Salz als nöthig ist und vereinigt
Alles mit dem Gries; dann ein leinenes Tuch in der
Mitte einen Teller groß durch ein Sieb mit Mehl be=
streut, wohin die Griesmasse zu liegen kommt, legt es
auf eine Schüssel, thut die Masse darauf, nimmt das
Tuch bei allen Enden gleich, bindet es sorgsam locker
zu, damit Raum zum Aufquellen bleibt, mit dem Tuche
in einen Topf oder Kessel in kochendem Wasser und Salz
1¹/₂ Stunde gekocht, dann auf einen Durchschlag gelegt,
den Bindfaden los gemacht, das Tuch etwas aufgemacht,
die Schüssel darauf gestürzt und somit umgekehrt, dann
das Tuch (oder die Serviette) behutsam abgezogen.
Hierzu giebt man braune Butter.

(Eingesandt aus Klingenthal im Voigtlande.)

381. Spinatkloß.

Ein halbes Pfund Semmel ohne Rinde grobwürfelig,
¹/₂ Kanne heiße Sahne darauf und ¹/₄ Stunde geweicht;
rührt 8 Loth (oder 2 Ei groß) Butter mit 3 Eiern ab,

die Semmel, Salz und Muskate dazu nebst 1 Obertasse gekochten Spinat, unter einander gerührt und in einem Tuche, wie bei Nr. 380, gekocht. Mit brauner Butter begossen und Semmel bestreut.

Mehl- und Eierspeisen.

382. Maccaroni mit Schinken und Käse.

Ein halbes Pfund Maccaroni werden in Salzwasser weich gekocht, jedoch nicht zu weich, damit sie nicht zerfallen; dann läßt man sie ablaufen und schneidet sie nach Belieben in Stücke; thut dann in ein Kasseroll etwas Butter, dann eine Lage Maccaroni mit gekochtem und fein gehacktem Schinken bestreut; Muskate darüber gerieben und mit Parmesankäse bestreut; dann fängt man wieder von neuem an, bis man fertig ist; quirlt dann ½ Nösel Sahne, 4 Eidotter, 4 Loth Butter und etwas Citronenschale recht gut unter einander, gießt es über die Maccaroni und läßt es in der heißen Röhre ¼ Stunde backen.

383. Nudeln.

Man thut etwas gutes Mehl in eine Schüssel, macht darin eine Vertiefung und schlägt 3—4 Eier hinein, verrührt solche mit einem Blechlöffel mit dem Mehl, nimmt nach und nach immer mehr Mehl dazu, bis es ein derber, zäher Teig geworden ist, welchen man nur mühsam mit beiden Händen zusammenzukneten

vermag, thut solchen nun auf ein Backbret und knetet
ihn zu einem festen, gelben Kloß. Hierauf schneidet
man mit einem Messer ein Stück davon ab und treibt
es mit einem Roll = oder Treibholz so dünn als nur
möglich zu einem runden Kuchen aus, legt solchen auf
einen Bogen Papier bei Seite, schneidet ein gleiches
Stück von dem Teig und fährt mit dem Auftreiben so
fort, bis sämmtlicher Teig verbraucht = ist; alsdann
schneidet man jeden Kuchen halb durch, rollt jedes Stück
einzeln zusammen, schneidet es nach Belieben in ganz
schmale oder breitere Streifen und lockert die Nudeln
behutsam aus einander, streut nun solche in kochendes
Salzwasser, etwa 3 Nösel, läßt sie darinnen ausquellen
und gießt dann kochende Fleischbrühe zu, würzt sie mit
gestoßenen Muskatenblumen und giebt sie mit Rind=
fleisch auf den Tisch. Geriebener Schweizerkäse zum
Ueberstreuen dazu gegeben ist für Viele willkommen.

384. Thüringer Nudeln.

Man fertigt den Nudelteig wie oben beschrieben,
schneidet sie aber grob von der Hand weg. Alsdann
streut man sie in kochendes Salzwasser, läßt sie darin
gar werden, gießt sie dann auf einen Durchschlag, da=
mit das Wasser davon abläuft, richtet sie auf einer
Schüssel an, giebt in vieler brauner Butter braun ge=
röstete, geriebene Semmel darüber hinweg und so auf
den Tisch.

385. Mehlspeise von Aepfel und Semmel.

1 Teller voll Aepfel, auch eben so viel Semmel
ohne Rinde grobwürfelig geschnitten, röstet sie in 8 Loth
Butter gelblich, in ein Geschirr, ¼ oder ½ Kanne heiße

Sahne darauf, läßt ſie ¹/₂ Stunde ſtehen, hernach 4 Eier,
Zucker, Zimmt, kleine Roſinen, die Aepfel darunter,
dieſe Maſſe in einer mit Butter ausgeſtrichenen Form
1¹/₂ Stunde gebacken, mit Citronenzucker beſtreut und
ſo warm ohne Sauce gegeben.

386. Mehlſpeiſen von friſchen Pflaumen.

Die Pflauen ohne Kerne würfelig und wie oben
gemacht, nur noch wegen der ſaftigen Pflaumen etwas
geriebene Semmel dazu gethan.

387. Hefenplinzen.

Man macht hierzu in einem größeren Topfe 1 Röſel
gute Milch lauwarm, thut etwas geriebene Muskate,
1 Eßlöffel voll geſtoßenen Zucker, Salz, 4 Eßlöffel voll
ganz dicke, zuvor von aller Flüſſigkeit behutſam abge=
goſſene Weißbierhefen (oder 1¹/₂ Loth getrocknete Hefen),
4 Eier und 20 Loth Mehl dazu, quirlt Alles recht gut
durch einander (die Maſſe muß ſchwerflüſſig vom Löffel
laufen), ſtellt den Topf in eine warme Röhre, damit
die darin befindliche Maſſe aufgehen kann, und wenn
man ſieht, daß noch einmal ſo viel Maſſe in dem Topfe
geworden iſt, verbäckt man ſolche auf folgende Art:
Man macht über hellem Feuer eine eiſerne Pfanne oder
Tiegel recht heiß, ſtreut etwas Salz hinein und reibt
dieſes mit Papier tüchtig aus, damit etwaiger Roſt ent=
fernt wird und die Plinzen nicht anhängen, gießt nun
einen Löffel voll zerlaſſene Butter hinein, läßt dieſe
rund herum verlaufen, thut dann einen Anrichtelöffel
voll von der Plinzenmaſſe darauf und ſtreicht ſolche mit
dem Löffel breit, läßt unter fortwährendem Drehen
und Wenden die Hitze überall recht gleichmäßig einwirken;

ist die Plinze auf der untern Seite gelbbraun, so läßt man sie auf einen flachen Teller rutschen, deckt die innere Seite der Pfanne darüber und wendet dann die Pfanne wieder, so wird sich die Plinze mit der unge= backenen Seite auf dem Boden der Pfanne befinden und wenn sie nun auch auf diese Seite wie die vorher gebackene behandelt, so wird sie in wenig Augenblicken fertig gebacken sein. Bei der zweiten und den folgenden Plinzen wird jedesmal ½ Löffel Butter in die Pfanne gethan. Die fertigen Plinzen werden glatt auf eine Schüssel gelegt und mit Zucker und Zimmt bestreut, dann zusammengerollt warm gegessen.

388. Omeletts.

In einem kleinen Töpfchen quirlt man 3 oder 4 ganze Eier mit einer halben Eierschale voll süßer, kalter Sahne recht gut durch einander, füllt dieß auf eine Omelettepfanne, auf welcher man über gelindem Kohlen= feuer einen Eßlöffel voll zerlassene, frische Butter gelb= heiß hat werden lassen, läßt fortwährend, und so lange die obere Seite nicht trocken geworden ist, die Eiermasse immer rund darauf herumlaufen unter fortwährendem Drehen und Wenden der Pfanne, bis es trocken wird, bestreut alsdann die obere Seite mit klarem Zucker, träufelt Citronensaft darauf herum und rollt nun rasch, ehe der Zucker ganz flüssig wird, mit einem Eßlöffel das Omelette, wie eine Wurst zusammen, legt es auf eine Schüssel, bestreut es mit etwas Zucker., glacirt es mit einer glühenden Kohlenschaufel und giebt es auf den Tisch. — Statt des Citronensaftes kann man auch süße, eingemachte Früchte jeder Art darauf streichen,

dann das Omelette zusammenrollen und wie oben behandeln.

389. Aepfelspeise in der Pfanne gebacken.

Eine Hand voll Mehl rührt man mit Milch oder
Wein wie zu einem Eierkuchen, thut 8 Eier, Zucker,
Zimmt, klein geschnittene Citronenschale und kleine Rosinen dazu, und alsdann geschälte in große Würfel geschnittene Aepfel darunter. In einer tiefen Pfanne
macht man Butter heiß, gießt die nochmals durcheinander gerührte Masse hinein, bäckt sie in der heißen
Röhre 1½ Stunde, und streut dann Zucker und Zimmt
darüber.

(Aus Zschopau im Erzgebirge.)

390. Kirschsülze oder Röster.

Man streicht hierzu eine blecherne Mehlspeiseform
recht dick mit frischer Butter aus und bestreut sie inwendig mit geriebener Semmel. Nun füllt man die
Form mit halb süßen und halb sauren Kirschen, von
denen man zuvor die Stiele abgenommen und die man,
während man sie in die Form füllt, dabei leicht mit
geriebenen Zwieback vermischt, den man mit gestoßenem
Zimmt vereinigt hat, und füllt schließlich einen Guß
darüber, daß er mit den Kirschen gleich steht, den man
folgendermaßen zusammensetzt: 3 ganze Eier und 2 Eidotter werden in einem Topfe mit 1 Nößel kalter, süßer
Sahne recht durch einander gequirlt und darüber gegossen. Nun bäckt man die Sülze in der Röhre in
1½ Stunde langsam gar, stürzt sie dann, wenn sie
völlig erkaltet ist, auf eine passende Schüssel, wo man

sie recht stark mit Zucker bestreut und ohne Sauce auf den Tisch bringt.

Man könnte wohl auch die Kerne aus den Kirschen entfernen, allein es bildet sich dann so unendlich viel Brühe davon in der Form, daß es besser ist, sie mit den Kernen zu nehmen. Man kann auch dieselbe Sülze von anderen Fruchtsorten, als z. B. Weinbeeren, Birnen, Aepfel, Pflaumen oder auch verschiedene Sorten mit einander vermengt, zubereiten, aber nie die Form sehr voll davon anfüllen, weil es dann leicht überläuft.

391. Eierkuchen.

Auf ein Nößel Milch nimmt man drei Eidotter, zwei Löffel voll Mehl, zwei Löffel voll geriebene Semmel, ein wenig Salz und Zucker; quirlt Alles gut unter einander schlägt das Weiße von den Eiern zu Schnee, rührt es leicht zur Masse; läßt dann Butter in der Pfanne zergehen, gießt die Masse hinein und läßt sie schön gelb backen; dann wendet man den Kuchen um, wie bei Hefenplinzen Nr. 387, läßt ihn auch auf der andern Seite schön backen und streut Zucker und Zimmt darüber.

392. Götzen.

Man nimmt 2 Kannen gute Milch, 6—8 Eier und quirlt dies tüchtig durch, dann 6 Eßlöffel voll Mehl, Salz und Zimmt hineingequirlt und durch einen Durchschlag gerührt, damit die Mehlklümpchen sich gänzlich auflösen. Hiezu thut man nun etwa 8 bis 10 Loth geriebene und ebensoviel in Scheibchen ge=schnittene Semmel, gießt diese Masse in eine Bratpfanne,

welche mit Fett, braungemachtem Speck oder · Butter
ausgestrichen ist und bäckt es 1½ Stunde in der Röhre
auf einem Dreifuß, oder auch beim Bäcker schön braun.
— Zur Abwechslung kann man auch einen weißen,
harten Quarkkäse gerieben unter die Masse mengen.
Auch kann man ¼ Metze geschälte Kartoffeln in eine
mit Wasser halb voll gefüllte Schüssel reiben und wenn
sich die Kartoffeln gesetzt haben, das rothe Wasser abgießen und frisches darauf, dann durch einen Durchschlag drücken und mit der obigen Masse vereinigen,
dann aber nimmt man nur die Hälfte Semmel.

(Eingesandt aus Zschopau.)

Das zweite Wasser von den Kartoffeln gießt man in eine
Schüssel, weil solches das Kartoffelmehl enthält; liegt es nach
einigen Stunden zu Boden, so gießt man das unreine Wasser ab
und frisches darauf, wobei man zugleich das Mehl aufrührt, dieß
wiederholt man einige Tage bis das Mehl weiß aussieht und
trocknet es dann an der Sonne

393. Eier auf Butter. Spiegeleier.

Man läßt in einer Pfanne Butter zerlaufen, schlägt
alsdann frische Eier darauf, bestreut sie leicht mit Salz
und etwas Pfeffer und setzt die Pfanne über nicht zu
starkes Feuer, während man über die Eier hinweg eine
glühend gemachte Kohlenschaufel hält, damit sie auch
gleichzeitig von oben sich schließen, ohne hart zu werden.
Man sticht sie dann mit einem runden Ausstecher von
der Pfanne los und giebt sie zu Spinat, auch oft zu
grünem Salat.

Die Butter dazu nicht zu knapp genommen.

394. Saure Eier.

Zu jedem Ei lasse man 1 Loth Butter braun werden,
oder brate 1 Loth Speck, schlage die Eier hübsch ganz

darauf, bestreue sie mit Salz und Pfeffer, lasse sie bis zur Pflaumenweiche gar werden und mit etwas Essig auffrischen.

395. Sool-Eier.

Man koche sie in scharfem Salzwasser mit Zwiebel= schalen hart und lasse sie darin kalt werden. Andern Tags sind sie schon schmackhaft.

396. Weiche Eier.

Man thue die Eier in kochendes Wasser, lasse sie 2 Minuten oder etwas länger kochen, und gebe sie so= fort mit frischer Butter, Salz und Pfeffer.

397. Rühreier.

In einem Kasseroll läßt man auf langsamem Feuer ¼ Pfund frische Butter zergehen, in welcher man etwas fein geschnittene Zwiebeln 1 — 2 Minuten schwißt, als= dann 10 Eier dazu schlägt und selbige nebst dem nöthigen Salz, sowie ein wenig gestoßenen Pfeffer, unter fort= währendem, festem Umrühren, besonders auf dem Boden des Kasserolls, auf gelindem Kohlenfeuer abrührt, daß sie eine weiche, flaumige, aber durchaus nicht flüssige Masse bilden. Die Rühreier richtet man schnell auf einer Schüssel an, damit sie nicht härter werden, als sie sein sollen. Die Rühreier können hiernach in großen oder kleinen Quantitäten gefertigt und auch ohne Zwiebeln zubereitet werden.

Ebenso kann man auch die Rühreier mit geräucher= tem Lachs, Schinken oder Servelatwurst essen, und es werden die fein geschnittenen Scheibchen davon, sowie auch von Gräten befreite und gereinigte Pöklinge immer

½ Minute, bevor man die Rühreier vom Feuer ab=
nimmt, dazu gethan und damit vereinigt, alsdann an=
gerichtet.

— —

Mus oder Brei.

398. Kartoffelmus.

Wenn die Kartoffeln hierzu geschält und gewaschen sind,
werden sie mit etwas Salz weich gekocht. Das Wasser
wird dann wieder abgegossen, etwas anderes kochendes
Wasser, oder besser noch, gute Milch hinzugegossen und
so durch einander gerührt, daß sie ein dickes Mus bilden,
das man mit Salz abschmeckt und beim Anrichten mit
in Butter gelb gebratenen Zwiebeln auf den Tisch giebt.

399. Griesmus.

Man nimmt 1 Kanne Milch, etwas Butter und
wenig Salz, wenn es kocht, quirlt man ¼ Pfund
(oder 1 Obertasse) Gries in ⅛ Kanne kalte Milch ein
(sonst wird es klümprig), thut ihn zu der kochenden
Milch und rührt ihn unter währendem Kochen recht
klar, läßt ihn ¼ Stunde sachte kochen und fleißig um=
rühren. Angerichtet, braune Butter darüber, und mit
Zucker und Zimmt bestreut.

400. Reismus.

Man läßt ½ Pfund Reis eine Stunde in heißem
Wasser stehen, quirlt ihn dann mehrere Male in reinem
Wasser ab, thut in ein Kasseroll ¼ Stückchen Butter,

darauf den Reis, kocht dann 1½ Kanne Milch ab,
und gießt sie darüber (auf diese Art brennt der Reis
nie an); läßt ihn dann eine Stunde langsam auf gelindem Feuer kochen. Beim Anrichten überstreut man
ihn mit Zucker und Zimmt.

401. Hirsemus.

Der Hirse wird wie Reis gewaschen, 1 Kanne
Milch in einem Topfe kochend, thut 12 Loth (oder
2 Obertassen) Hirse hinein, läßt ihn unter öfterem Umrühren 1½ Stunde langsam kochen, etwas gesalzen
und beim Anrichten mit Zucker und Zimmt bestreut.
Auch in der Brühe von gekochtem Schweinefleisch den
Hirse weich kochen, dann Zwiebeln in Speck gebraten,
oben darauf.

402. Milch-Mehlmus.

Man setzt 1 Kanne Milch zum Feuer, und wenn
sie kocht, rührt man einige Löffel voll Mehl mit kalter
Milch ab, thut es in die Milch und läßt es zu einem
Brei ankochen. Kurz vor dem Anrichten quirlt man
einige Eidotter und thut sie an den Brei. Beim Anrichten kann man ihn mit Zucker bestreuen oder mit
brauner Butter begießen.

403. Wasser-Mehlmus.

Wenn der Zweikannentopf mit dem Wasser zu dem
Mus kocht, so gießt man etwas ab, Salz darein,
4 Anrichtelöffel voll Mehl, quirlt es durch, gießt von
dem abgegossenen Wasser wieder so viel dazu, als man
das Mus dick haben will, und läßt es am Feuer nur
aufkochen, dann setzt man es von fern an's Feuer,

¼ Stück Butter hinein, und richtet es so in der Schüssel an, macht beim Anrichten kleine Grübchen auf der Oberfläche und übergießt es mit gebratenem Speck und Zwiebeln. Hierzu wird Hering gegeben.

404. Kürbismus.

Man schält den Kürbis, schneidet ihn in Stückchen und die Kernmasse heraus, und läßt ihn nun im Wasser mit etwas Salz weich kochen, dann wird das Wasser wieder rein ab=, und kochende Milch dazu gegossen. Hat er in dieser eine Weile gekocht, so wird er klar gerührt, mit 2 Eiern und einem halben Löffel Mehl abgequirlt, und vor dem Anrichten geriebene und in Butter geröstete Semmel darunter gerührt, und etwas Muskatenblüthe dazu gethan.

Man kann auch die Milch weglassen und zur Hälfte fertig ge-kochtes Reismus darunter nehmen.

405. Lungenmus.

Man sehe bei Kalbslunge Nr. 156.

Schmalzgebackenes.

406. Pfannkuchen.

Zwei Pfund (richtig gewogen) Mehl in einer tiefen Schüssel warm gestellt. Nun 2 Loth getrocknete Hefen mit 1 Nößel lauwarmer Milch aufgelöst, 4 Eier dazu gequirlt, 4 Loth gestoßnen Zucker dazu, auch ein wenig Salz, eine halbe Eierschale voll Rum und 4 Eßlöffel geklärte, flüssige Butter hinzu, diese Masse gieße man unter sorgsamen Rühren, nach einer Seite hin, in die Mitte des warm gestellten Mehls, so wird sich daraus ein weicher Teig bilden, welchen man ³/₄ Stunde auf einen warmen Ort gestellt, aufgehen läßt, dann nimmt man den vierten Theil davon auf einen Kuchendeckel und rollt daraus eine Wurst, wovon man fingerbreite Scheibchen schneidet, davon eins mit Fülle (Pflaumenmus, Aprikosen) belegt, ein anderes Scheibchen darüber deckt und fest an den Rand zusammen drückt, wozu man einen gezackten Ausstecher oder auch ein Glas nehmen kann, dann stellt man die Pfannkuchen nochmals warm, damit sie sich wieder heben, und fährt damit so fort, bis der Teig alle ist. Während dessen setze man ein breites Kafferoll halb voll mit Schmelzbutter (wer Fett liebt, auch etwas dazu) auf's Feuer und mache es kochend, bis es leicht braun ist, um die Pfannkuchen darin zu sieden. Es ist besser, erst mit einem einzigen zu probiren, denn ist die Butter nicht braun genug, so bekommen die Pfannkuchen keine Farbe; auch thue man nicht zu viel Pfannkuchen auf einmal hinein, denn sie gehen dann leicht aus einander und verlieren die Façon, sobald sie an einander stoßen. Die braun gesottenen Pfannkuchen nimmt man mit einem Schaumlöffel heraus in einen Durchschlag und bestreut sie noch warm mit Zucker.

Die übrig gebliebene Butter kann man noch einmal dazu benutzen, dann aber die Hälfte frische dazu nehmen, weil die benützte Butter nach und nach matt wird, was an dem Schäumen zu erkennen ist, worinnen die Pfannkuchen keine braune Farbe bekommen würden.

407. Rädergebackenes.

Von 3 Nößel Mehl, 12 Loth Butter, 12 Loth
Zucker, 7 Eier, 1 Löffel Hefen, die Schale von einer
Citrone auf Zucker abgerieben, wird ein nicht zu fester
Teig gemacht, dann treibt man diesen auf und rädert
ihn mit einem Kuchenrädchen in beliebige Formen; diese
werden nun in heißer, leicht braun gewordener Schmelz=
butter, worin etwas Rum gegossen ist, ausgebacken und
dann noch warm mit Zucker und Zimmt eingerieben.

Schmeckt köstlich, was versichert L. F.

408. Windbeutel.

Man nimmt 1 Nößel Milch, ½ Pfund Butter und
läßt beides in einem Kasseroll auf hellem Feuer kochen,
dann rührt man so viel Mehl hinein, bis sich die Masse
vom Kasseroll ablöst, läßt es ein wenig verkühlen, und
rührt dann 8—10 Eier und 4 Loth gestoßenen Zucker
dazu. Man setzt dann davon kleine Häufchen von der
Größe einer wälschen Nuß (nicht zu nahe an einander,
weil sie sehr auflaufen) auf ein mit Speck oder Butter
bestrichenes Backblech und streut auf jedes Häufchen ein
wenig Zucker, damit sie Glanz bekommen und bäckt
sie in einer heißen Röhre auf dem Dreifuß oder auch
beim Bäcker.

(Eingesandt aus Chemnitz.)

409. Käsekäulchen.

½ Pfund Mehl, etwas auf dem Reibeisen abge=
riebene Citronenschale, etwas Salz, 2 Loth klarer Zucker,
nicht ganz ½ Nößel süße Sahne, 4 Eier (2 ganze und
2 Eidotter), 4 Loth frische, zerlassene Butter, 4 Eßlöffel

voll dicke Weißbierhefen, von denen man zuvor jede
Flüssigkeit abgegossen hat, so wie 1 Pfund geriebenen
Quarkkäse und ¼ Pfund kleine Rosinen, dieß wird zu=
sammen in einer glatten, irdenen Schüssel zu einem
lockeren Teig angerührt und mit dem Holzlöffel eine
Zeit lang durchgearbeitet, wovon man Klößchen von
der Größe eines Hühnerei's formt, die man auf ein
Bret, welches mit einer Serviette, die man mit Mehl
bestreut hat, bedeckt ist, mit einer andern mit Mehl be=
stäubten Serviette überdeckt und so in der Nähe eines
warmen Ofens zum Aufgehen aufstellt. Wenn man
nun bemerkt, daß sie größer geworden, also aufgegangen
sind, so werden sie wie die Pfannkuchen in heißem
Schmalz gelbbraun gebacken, mit Zucker und Zimmt
bestreut und unter immerwährendem Schütteln, so daß
sie immer über einander kugeln, warm, ohne Sauce
als Backwerk gegeben.

410. Arme Ritter.

Sie werden von altbackener Semmel oder Franz=
brodchen gefertigt. Die von der Rinde befreite Semmel
wird in runder Form in fingerdicke Scheiben geschnitten
und von beiden Seiten so lange in kalter Milch ein=
geweicht, bis sie davon erweicht sind. Man nimmt sie
dann heraus, wendet sie in gequirlten Eiern und ge=
riebener Semmel herum und bäckt sie entweder in hei=
ßem Schmalz oder auf einer Pfanne mit viel brauner
Butter von beiden Seiten hellbraun. Alsdann bestreut
man sie mit klarem Zucker und giebt sie recht warm
mit einer Sauce von Kirschen, auch Heidelbeeren auf
den Tisch.

Backwerk.

411. Prophetenkuchen.

Man nimmt dazu 1 Pfund Mehl, 14 Loth Butter, 6 Loth Zucker, 3 Eidotter und 5 Eßlöffel voll Milch; die Eidotter und Milch werden zusammen gequirlt, die Butter wird in's Mehl gebrockt und Alles zusammen gut durchknetet, aufgemandelt, mit Zucker und Zimmt, oder auch Salz bestreut, und in der Röhre gebacken.

412. Sahnenkuchen.

Man brockt 1 Pfund Butter in 1 Pfund Mehl, schlägt 1 ganzes Ei und 2 Dotter dazu nebst 1 Anrichtelöffel voll guter Sahne, davon macht man einen nicht zu festen Teig, welcher 3—4 Stunden im Keller stehen muß; alsdann rollt man ihn recht dünn aus, sticht kleine, eckige oder runde Kuchen davon, bestreut sie mit fein gestoßenem Zucker und bäckt sie in der Röhre schon hellbraun.

413. Reibekuchen. Topfkuchen.

Man rührt ½ Pfund Butter mit 4 Eiern und 4 Dotter zu Schaum, Citronenzucker, 2 Loth süße Mandeln 3 Löffel dicke Hefen, dann 10 Loth (oder 10 Löffel) Mehl nach und nach dazugerührt, die mit Schmelzbutter ausgestrichene Form halb voll gefüllt und gehen lassen, 1 Stunde gebacken, hierauf etwas dick mit Zucker bestreut, weil wenig darin ist.

Es ist nothwendig, die Form mit Schmelzbutter auszustreichen, da durch Salzbutter das Gebäck in der Form leicht hängen bleibt.

414. Aschkuchen. Bäbe.

Hierzu werden 2 Pfund feines Mehl in einer Schüssel warm gestellt, sowie ⅔ Nößel Milch lauwarm gemacht. 3 Loth getrocknete Hefe wird nun mit etwas von der warmen Milch glatt gerührt, mit ungefähr 2 Hände voll von dem warm gestellten Mehl zu einem halbfesten Teig angerührt und an einen warmen Ort zum Aufgehen gestellt. Während dieser Zeit rührt man ¼ Pfund frische Butter in einer Schüssel nebst ¼ Pfund gestoßenem Zucker, 8 Eidotter und etwas Salz zu Schaum, schüttet nach und nach das Mehl, so wie die noch übrige Milch dazu. Nun thut man auch noch die in die Höhe gegangene Hefe dazu, arbeitet beides mit dem Holzlöffel tüchtig durch einander und so, daß wenn man deu Teig mit dem Löffel in die Höhe zieht, derselbe zusammenhängend wieder in die Schüssel zurücksinkt. Man vermengt ihn nun mit kleinen und großen Rosinen, füllt ihn in eine recht dick mit Schmelzbutter ausgestrichene Aschkuchenform, die mit feingeschnittenen, süßen Mandeln ausgestreut ist und stellt ihn, mit einer Serviette bedeckt, an einen nicht zu warmen Ort, damit er sich nur langsam hebt, was etwa in anderthalb Stunden geschehen kann; bestreicht ihn dann auch oben mit zerlassener Butter und bäckt ihn in einem gut geheizten, aber in sich etwas abgekühlten Ofen in ungefähr einer Stunde fertig. Er wird dann aus der Form auf eine passende Schüssel herausgestürzt und wenn er noch heiß ist, mit recht fein gestoßenem Zucker und Zimmt stark bestreut.

415. Grieskuchen.

Man nimmt 2 Pfund Mehl, 1 Nößel Milch, 3 Löffel voll Hefen, 2 ganze Eier und 2 Dotter, quirlt

dieses unter einander und gießt es in das Mehl, dazu
2 Löffel voll gestoßenem Zucker, etwas Salz und ¼ Pfd. zer=
lassene Butter, rührt es zu einem Teig und schlägt diesen
so fein ab, bis er sich vom Löffel löst, läßt ihn ein
Weilchen stehen, rollt ihn dann dünn auf ein Blech,
und läßt ihn an einem warmen Orte aufgehen; ½ Nößel
Gries wird in einer Kanne Milch zu einem dicken Brei
gekocht, dann nimmt man ihn vom Feuer weg, thut
1 Stück Butter, 6 Eidotter, 3 Löffel voll gestoßenen
Zucker, Zimmt und Citronenschale, auch ¼ Pfund kleine
Rosinen und wenig Salz hinzu, rührt Alles recht gut
unter einander und streicht es fingerhoch auf den Kuchen,
läßt ihn schön gelb backen und bestreut ihn noch mit
Zucker.

416. Kartoffelkuchen.

Zwölf bis funfzehn große Kartoffeln werden ge=
kocht, geschält und ausgekühlt auf einem Reibeisen ge=
rieben; dazu nimmt man so viel Mehl, wie im Ver=
hältniß Kartoffeln sind, arbeitet dieses gut unter einander,
thut 3 ganze Eier und 3 Dotter, Salz, 2 Eßlöffel voll
dicke Hefen, 1 Nößel gute, saure Sahne, 2 Messerspitzen
voll gestoßenen Safran hinzu und macht einen festen
Teig, und läßt ihn an einem warmen Ort aufgehen,
rollt ihn halb Finger hoch aus, legt ihn auf ein Blech,
bestreicht ihn mit zerlassener Butter und bäckt ihn dun=
kelgelb. Alsdann nochmals gleich warm mit zerlassener
Butter bestrichen und mit Zucker bestreut.

417. Käsekuchen.

Man nimmt 1 Pfund Mehl, ¼ Kanne Sahne
6 Loth Butter, 2 Löffel Hefen, 1 Löffel Zucker, 2 Dotter,

davon einen Teig gemacht, aufgetrieben, einen Rand
formirt und aufgehen lassen, mit Butter belegt, dann
mit folgender Masse bestrichen: 2 Teller voll geriebenen
Reibekäse (ohne viel Salz) in ein Geschirr nebst großen,
ausgekernten und kleinen Rosinen, Citronat, gestoßenen,
süßen Mandeln, 2 Löffel Zucker, ¼ Kanne Sahne,
3 Eier gut unterrührt, dieses etwas dick auf den Kuchen
(½ Zoll dick) aufgestrichen, mit einigen Löffel Butter begossen, mit Zucker bestreut und eine Stunde gebacken.

418. Leipziger Osterfladen. Quarkkuchen.

Aus ½ Pfund Mehl, ½ Pfund Butter, 4 Eidotter,
und 2 Obertassen voll Milch bereitet man einen Mür-
beteig und mandelt ihn dann zu beliebige Kuchen.
Nun bereitet man folgende Masse: 2 Pfund frischen
Quark seimig gerührt, oder durchstrichen, dann 4 Loth
Semmel, 4 Eier, ¼ Kanne dicke Sahne, 6 Loth Zucker,
2 Loth süße, gewiegte Mandeln, große und kleine Rosinen
und etwas geschnittene Mandeln darunter gerührt. Diese
Masse fingerdick auf den Teig gestrichen, mit gequirltem
Ei bestrichen und in der Röhre gebacken.

419. Gießkuchen.

Man macht einen Hefenteig wie bei Nr. 417 oder
einen Mürbeteig wie bei Nr. 418, formirt einen hohen
Rand darum, daß es nicht überläuft, bestreut den Kuchen
mit 2 Loth großen und 2 Loth kleinen Rosinen und
geschnittenen Mandeln, dann ¼ Kanne Sahne, 2 Eier,
2 Dotter, Zucker, zerquirlt und über die Rosinen gegossen, eine Stunde gebacken und kalt gegessen.

420. Kirschkuchen.

Man rührt ¼ Pfund Butter, 2 Eier, 2 Dotter,

4 Loth Zucker und Citronenzucker dazu, wie auch ⅛ Pfund Mehl darunter, davon einen Teig ausgerollt, einen Kuchen und Rand formirt, mit süßen oder saueren Kirschen belegt und 1 Stunde gebacken, dann erst mit nöthigem Zucker bestreut. — Oder auch 6 Loth Mehl, 4 Loth Butter, 1 Ei, davon den Teig gemacht und mit jeder Art Obst oder Beeren gebacken.

421. Pflaumenkuchen.

Man macht von Hefen- oder Mürbeteig, wie bei Nr. 417 und 418 angegeben ist, einen Kuchen mit hohem Rand, bestreut ihn mit Semmel oder Zwieback, belegt ihn mit in viertel oder halbe geschnittenen, frischen Pflaumen, so in klarem Zucker gemengt, dicht neben einander mit Butter belegt, etwas geschnittene Mandeln darüber gestreut und 1 Stunde gebacken, dann noch mit viel Zucker und Zimmt bestreut.

Man kann auch einen ordinären Teig dazu nehmen, wie bei Speckkuchen Nr. 423 angegeben ist.

422. Aepfelkuchen.

Man schält schöne, große, am liebsten etwas säuerlich schmeckende Aepfel, schneidet sie in kleine, längliche Stückchen bis an das Kernhaus ab, belegt den Kuchen von Hefenteig, wie bei Nr. 417, einen Finger dick damit, streut dann geschnittene Mandeln, Citronat, kleine Rosinen und Zucker darüber, und besprengt ihn, ehe er in die heiße Röhre gesetzt wird, mit zerlassener Butter.

423. Speckkuchen.

Hier nimmt man ¼ Metze Mehl, 1 Nößel lauwarme Milch, 14 Loth Butter und eine Obertasse voll

Hefen, rührt Alles gut durcheinander, läßt diesen Teig eine Stunde lang an einem warmen Ofen und wenn er gehörig aufgegangen, wird er dünn aufgemandelt und ein Rand darum gemacht. Nun bedeckt man den ganzen Kuchen mit Eiern, welche man frisch darauf schlägt, bestreut ihn alsdann ganz mit frischem in kleine Würfel geschnittenen Speck, rein gelesenen Kümmel und Salz, und läßt ihn dann gleich dunkelgelb in der Röhre backen.

424. Heidelbeerkuchen.

Man fertigt einen dünnen Randkuchen von demselben Teig, wie bei Speckkuchen Nr. 423 angegeben ist. Die Heidelbeeren werden gewaschen, in einen Durchschlag gethan, damit das Wasser rein abläuft, dann mit Zucker und Zimmt vermengt und einen Finger dick auf den Kuchen gelegt, schnell in der Röhre gebacken und dann mit viel Zucker bestreut.

Dieser Kuchen sowohl, wie der Kirschkuchen und andere dergleichen Arten müssen, sobald sie belegt sind, schnell in die heiße Röhre, sonst zieht sich die Feuchtigkeit in den Teig und er wird leicht schliff.

425. Leipziger Weihnachts-Stollen.

Man nehme zu einer Metze Mehl 2 Kannen gute Milch, 2 Pfund Tischbutter, 1 Nößel gute, dicke Weißbierhefen (oder 12 Loth getrocknete Hefe), 1½ Pfund große und 1½ Pfund kleine Rosinen, ½ Pfund süße Mandeln mit etwas Zucker gestoßen, ½ Loth gestoßene Muskatenblumen, und ½ Pfund gestoßenen Zucker, nebst 1 Pfund Butter zum Bestreichen der Stollen.

Will man nun backen, so macht man den Tag zu-

vor Alles zurecht; vor allen Dingen muß das Mehl
an den warmen Ofen gesetzt werden, damit es beim
Gebrauch nicht kalt ist.

Die kleinen Rosinen müssen so lange gewaschen
werden, bis das Wasser hell bleibt; dann thut man sie
auf ein Tuch, trocknet sie mit einer Serviette gut ab
und liest sie recht rein, damit nicht kleine Sandsteinchen
dabei bleiben. Die großen Rosinen werden ebenfalls
gewaschen und rein gelesen, dann abgetrocknet und
unter die kleinen Rosinen gemengt.

Sollen nun die Stollen nächsten Tags zu einer bestimmten Stunde bei dem Bäcker gebacken werden, so
fängt man drei Stunden zuvor an, den Teig auf folgende Art einzumachen: Das Mehl wird zuerst durchgesiebt, dann thut man 3 Theile davon in den Back-
trog. Die Butter muß weich gemacht sein, jedoch nicht
zerlaufen, die Hefen müssen kalt sein; die Milch wird
blos so warm gemacht, als man sie, in ein Glas gegossen, am Auge leiden kann. Nun wäscht man sich
die Hände ganz rein, macht in der Mitte des Mehls
eine Höhlung, gießt in diese Höhlung zuerst die Hefen
und vermengt sie mit etwas Mehl. Nun macht man
noch eine Höhlung in das Mehl, gießt die Milch hinein
und vermengt sie auch mit etwas Mehl. Ist dieses geschehen, so knetet man beides gut unter einander; dann
knetet man die 2 Pfund Butter hinein, schüttet die Rosinen, Mandeln, den Citronat und die Gewürze über
den Teig her, arbeitet Alles, nebst dem zurück gebliebenem Mehle mit beiden Händen recht durch einander
und zwar so lange, bis der Teig anfängt, sich von
den Händen abzulösen. Nun breitet man in einen Korb
ein weißes Tuch, bestreut es gut mit Mehl, legt den

Teig hinein und bestreut diesen dann auch mit Mehl, setzt ihn an den warmen Ofen und läßt ihn so lange gehen, bis er zum Bäcker getragen wird. Sollte er zu geschwind anfangen aufzugehen, so setze man ihn vom Ofen etwas weg.

Hiervon bekommt man drei schöne Stollen; und so kann man nach vorgeschriebener Art 3 bis 4 und mehr Metzen backen.

Wenn die Stollen nun aus dem Backofen kommen, so streicht man sie auf beiden Seiten mit zerlassener Butter und bestreut sie mit Zucker und Zimmt.

Nimmt man Schmelzbutter zum Backen, oder ist die Butter nicht gesalzen, so thut man einen kleinen Eßlöffel voll Salz mit in den Teig.

Torten.

446. Sandtorte.

Ein Pfund recht fein gestoßener Zucker, auf welchem man eine Citrone abgerieben hat, wird in einer glatten, irdenen Schüssel mit 16 Eidottern ½ Stunde lang un= unterbrochen zu Schaum gerührt. Man gießt alsdann 1 Pfund frische Butter, die man hat zerlaufen und wieder so kalt werden lassen, daß sie noch flüssig ist, zu dem Zucker und Eiern, rührt dies noch ¼ Stunde lang, schüttet hierauf ½ Pfund feines Weizen= und ½ Pfund feines Kartoffelmehl, welches beides man vorher erst mit einander vereinigt hat, dazu und zieht

zuletzt behutsam den steif geschlagenen Schnee der 16
Eier darunter. Nun füllt man diese Masse in eine mit
zerlassener, frischer Butter bestrichene und mit geriebener
Semmel ausgestreute, blecherne Tortenform, bäckt selbige
in einer nicht zu heißen Röhre in ungefähr einer Stunde
langsam gar, stürzt sie dann aus der Form, und wenn
sie kalt geworden ist, bestreut man sie entweder mit
Zucker, oder bestreicht sie mit folgender Glasur: Man
rührt 12 Loth ganz fein gestoßenen Raffinadzucker in
einer glatten Assiette mit einem Fingerhut voll Eiweiß
und einigen Tropfen Citronensaft ¼ Stunde lang zu
einer recht dicken, zähen Masse und zwar so lebhaft,
daß sie ganz weiß und schaumig davon geworden ist.
Mit dieser weißen Glasur bestreicht man recht dünn die
ganze Torte.

427. Brodtorte.

Ein Pfund recht fein gestoßener Zucker wird mit
10 Eidottern und 10 ganzen Eiern in einem großen
Topfe vermittelst eines großen Ruthenbesens eine Stunde
lang ununterbrochen schaumig geschlagen, mit ¼ Pfund
gestoßenen, süßen Mandeln, 4 Loth feinwürfelig ge=
schnittener, candirter Orangenschale, 4 Loth geriebener,
feiner Chocolade und 20 Loth fein gestoßenem Schwarz=
brod vermischt. Dünne Scheiben von Schwarzbrod
werden nämlich auf einem Backblech in der heißen Röhre
braun geröstet und dann im Mörser fein gestoßen und
durchgesiebt. Die nun trocken abgewogenen 20 Loth
Schwarzbrod, die man mit ½ Glas Rothwein ange=
feuchtet hat, werden mit dieser Tortenmasse vermengt
und in eine mit zerlassener Butter bestrichene, mit etwas
von dem Schwarzbrod ausgestreuten Tortenform gefüllt

und darin in einer nicht zu heißen Röhre langsam gar
gebacken. Man stürzt sie dann aus der Form und wenn
sie kalt geworden ist, bestreut man sie mit Zucker.

428. Chocoladentorte.

Zwölf Loth Butter werden zu Schaum gerührt,
½ Pfund Mandeln fein gestoßen, 12 Loth fein gestoßenen
Zucker, der Saft und die Schale einer Citrone und
10 Eidotter nach und nach hinein gerührt, dann wird
½ Pfund Chocolade gerieben und auch dazu gethan;
wenn Alles schön schäumig abgerührt ist, wird von
8 Eiern das Weiße zu Schnee geschlagen und auch hinein
gerührt, in eine mit Butter bestrichene Form gefüllt
und bei einer gleichmäßigen Hitze langsam gebacken,
dann aus der Form gestürzt und wenn sie erkaltet ist,
glasirt wie die Sandtorte, Nr. 426, nur daß man die
Masse mit etwas geriebener Chocolade braun färbt.

429. Kartoffeltorte.

Hierzu werden schöne, mehlige Katoffeln gekocht
und geschält, ausgekühlt und auf dem Reibeisen gerieben;
12 Loth Kartoffeln, 4 Loth Mandeln, 4 Loth Zucker
und die Schale einer Citrone werden in einem tiefen
Napf mit 3 ganzen Eiern und 6 Dottern eine ganze
Stunde nach einer Seite gut abgerührt, dann der Schnee
von Eiweiß leicht darunter gemengt, die Tortenform mit
Butter ausgestrichen und halb damit angefüllt und in
der heißen Röhre langsam gebacken, dann aus der Form
gestürzt und mit klarem Zucker bestreut.

Warme Getränke.

440. Kaffee.

Man rechnet zu einer Portion von 3 Tassen 1 Loth gemahlenen Kaffee. Die Hauptsache ist das Brennen der Kaffeebohnen in einer Trommel, sie dürfen nur braun gefärbt sein und es darf von diesen immer nur so viel gemahlen werden, als man gerade bedarf. Beim Filtriren mittelst eines Trichters und Kaffeesackes muß das Wasser immer stark kochend auf mehrere Male aufgegossen und nach jedem Aufguß das Gefäß gleich wieder zugedeckt werden (damit nichts von dem Aroma verloren geht), und es darf der Kaffee nur bis zum Sieden erhitzt werden, aber niemals kochen.

Der Kaffeesack muß nach jedem Gebrauch mehrere Male mit heißem Wasser ausgewaschen, auch öfters ausgekocht werden, und darf nie an der Luft und Sonne, sondern stets an der Ofenwärme getrocknet werden.

441. Thee.

Sowohl der grüne, als der schwarze Thee wird zuvor mit ein wenig kochendem Wasser abgespült und wieder abgegossen, und dann erst völlig mit kochendem Wasser aufgegossen und mehrere Minuten ziehen gelassen. (Das Wasser zum Aufgießen muß stets vollständig kochen.) Mit $\frac{1}{4}$ Loth guten Thee ist man im Stande, 8 Tassen guten Thee zu liefern. Man trinkt den Thee mit Zucker und Sahne, auch Rum.

442. Reformirter Thee.

Der Thee wird, statt in Wasser, in kochender Milch

gebrüht, dann ausziehen laſſen, und beliebig mit Zucker
verſüßt, auch nach Belieben noch mit Vanille oder Zimmt
verſetzt und zuletzt mit mehreren, in kalter Milch ge=
quirlten Eidottern vereinigt.

433. Chocolade.

Man ſtellt ¼ Pfund gute Chocolade in einem
Topfe in der Röhre warm, damit ſie erweicht. Alsdann
rührt oder quirlt man ſie mit 4 Obertaſſen voll warmem
Waſſer glatt und läßt ſie nebſt 4 Loth Zucker kochen.
Während dieſer Zeit quirlt man das Weiße von einem
Ei mit einer Obertaſſe voll kaltem Waſſer recht durch
einander, damit es recht ſchaumig wird, vereinigt als=
dann unter ſtetem Quirlen die kochende Chocolade ſo
lange damit, bis das Hinzugegoſſene ebenfalls kochend
heiß und die Chocolade recht ſchaumig geworden iſt.
Man füllt ſie dann entweder in eine Kanne oder gleich
in Taſſen und zwar ſo, daß ſich auf der Oberfläche
einer jeden Taſſe ein Schaum befindet. — Man kann
auch die Chocolade mit 1 Eidotter abziehen, das Weiße
mit geſtoßenem Zucker zu Schnee quirlen und davon
auf jede Taſſe etwas ſetzen.

434. Chocolade in Milch.

¼ Pfund Chocolade, die man auf die eben an=
gedeutete Art erweicht hat, wird mit 2 Nößel kochender,
guter Milch glatt gerührt, nebſt ¼ Pfund Zucker auf
dem Feuer 40 Minuten lang durchgekocht und entweder
in die Kanne oder in Taſſen gefüllt.

435. Warmbier.

Während man 2 Nößel Weißbier oder Braunbier

nebst etwas Citronenschale, Zimmt und einigen Nelken,
sowie 2 Nösel Milch in einem Topfe apart kochend
macht, vereinigt man in einem größeren Topfe 4—6
Eidotter, 1 Eßlöffel voll Kartoffelmehl und 12 Loth
gestoßenen Zucker mit 1 Obertasse voll kalter Milch,
indem man selbiges tüchtig durch einander quirlt, und
gießt nun unter fortwährendem Quirlen erst die kochende
Milch und dann das kochend heiße Bier durch ein Sieb
dazu, worauf man das Warmbier dann über gelindem
Feuer so lange quirlt, bis die Eier darin gar geworden
sind und man es vom Feuer weg setzen kann. Man
läßt alsdann darin ¼ Pfund frische Butter zergehen,
gießt auch nach Belieben 1 Eßlöffel voll guten Rum
dazu und füllt es in die bereit gestellten Obertassen,
damit es noch recht heiß genossen werden kann.

Kräftiger noch wird das Warmbier ohne Milch (besonders
von Weißbier), dann aber 3 Nösel Bier.

436. Glühgose.

½ Flasche, womöglich recht alte, scharfe Gose läßt
man in einem hierzu passenden Topfe mit etwas Citronen=
schale, Zimmt und 6 Loth Zucker auf dem Feuer nur
kochend heiß werden und vereinigt sie dann mit 3 Ei=
dottern, die man mit einigen Eßlöffeln kalter Gose ge=
quirlt und eine Messerspitze Kartoffelmehl dazu gethan
hat, wobei man noch unter fortwährendem Quirlen
über gelindem Feuer die Eier gar werden läßt, und
die Glühgose dann durch ein feines Sieb in die Kanne
oder Gläser füllt.

437. Glühwein.

½ Pfund Zucker, ein fingerlanges Stück Zimmt,

6 Nelken, werden zusammen mit ½ Kanne Wasser ¼ Stunde gekocht, dann 1 Flasche rothen Wein dazu und nun recht heiß gemacht, durch ein Sieb in eine Terrine oder Gläser gegossen und warm getrunken.

438. Necus.

Wird ebenso wie Glühwein bereitet, nur daß man zuletzt, wenn er fertig ist, eine Muskatnuß fein daran reibt und damit abschmeckt.

439. Chaudeau.

Eine Flasche Weißwein. ½ Pfund Zucker auf einer Citrone abgerieben, 12 Eidotter, ¼ Loth gestoßenen Zimmt; dieß zusammen über mäßigem Kohlenfeuer in einem neuen Topf von 4 Kannen Inhalt gequirlt, bis es recht schaumig ist und anfängt zu kochen (man muß jedoch beim Quirlen den Boden überall berühren, um das Anbrennen zu verhüten); dann in Obertassen oder gewärmte Gläser gefüllt.

440. Grog.

Dieses Getränk ist die einfache Mischung von Zucker, Arac, Rum oder Cognac mit kochendem Wasser und schmeckt nur dann ganz gut, wenn man ebenfalls wie zum Thee strudelnd kochendes Wasser dazu genommen hat. — Zucker und Rum wird nämlich gleich in die gewärmten Gläser vertheilt und das kochende Wasser darüber gegossen.

441. Punsch.

Zu einer Flasche Punsch gebraucht man 12 Loth Zucker, welchen man reichlich mit 1 Nösel kochendem

Waſſer übergießt und kochen läßt, mit dem ausgepreßten, durch ein Haarſieb gefüllten Saft von 2 Citronen, ſo wie ¼ Flaſche feinſten Rum oder Arak abſchmeckt und im Gläſer füllt. Sehr häufig muß man auch Punſch trinken, in welchem Thee gekocht iſt, das iſt Geſchmack-ſache und ſagt nicht Jedermann zu, eben ſo iſt es mit Citronenſchale, welche faſt jedem Menſchen Kopfſchmerz verurſacht.

442. Wein = Punſch.

Eine Flaſche Weißwein oder Rothwein wird in einem Topfe mit ¼ Pfund Zucker kochend heiß gemacht, mit dem Saft von einer oder anderthalb ausgepreßten Citronen nebſt ¼ Flaſche feinſtem Rum oder Arak ab geſchmeckt und in die betreffenden Gläſer gefüllt.

Hat man Weißwein dazu genommen, ſo kann man durch ein Glas Rothwein dieſem Punſch eine ſchöne Farbe geben.

443. Eier = Punſch.

In einem Topfe von 4 Kannen Inhalt werden 8 Eidotter gethan; dann unter beſtändigem Quirlen 2 Kannen fertigen Punſch kochend dazu gegoſſen und wenn er recht ſchaumig iſt, in Punſchgläſern aufgetragen.

Kalte Getränke.

444. Limonade.

Von 3 Citronen wird der Saft in ein Geſchirr aus=

gedrückt. Beim Aufschneiden der Citronen muß man allemal Acht geben, daß keine bittere dabei ist, auch die Kerne gleich heraus nehmen; nun ¼ Kanne Wasser in das Geschirr gegossen und mit feinem Zucker nach Geschmack versüßt.

445. Mandelmilch.

¼ Pfund abgebrühte und dann abgezogene süße Mandeln werden einige Male in frischem Wasser abgeschwemmt und in einem Mörser mit etwas Wasser ganz fein gestoßen; dann mit einer Kanne Wasser verdünnt, eine Stunde ruhig stehen lassen, dann durch ein Tuch gepreßt und nach Geschmack mit Zucker versüßt.

446. Orgeade.

Man schlägt 6 Eidotter mit einigen Löffeln Wasser und 6 Loth Zucker zu Schaum und nach und nach eine Kanne recht frisches Wasser hinzu, bis es gehörig vermischt ist. Ein gutes unschädliches Getränk zur Kühlung.

447. Maitrank.

Man thut in eine Terrine ein Bündchen möglichst blühenden Waldmeister, den man gereinigt hat, und ¼ Pfund Zucker, gießt eine Flasche Weißwein darüber und läßt es eine Stunde ziehen. Man schmeckt dann schon, ob der Waldmeister gezogen hat oder nicht und füllt ihn dann mit den grünen Blättern in Gläser. Man kann auch in Scheibchen getheilte Apfelsinen dazu thun und in jedes Glas ein solches hineingeben.

448. Bischof.

Ein Haupterforderniß hierzu sind bittere Orangen

und je frischer man diese Früchte haben kann, desto besser wird der Bischof. Mehrere solcher Früchte werden mit dem Federmesser so fein und zart, als nur möglich, abgeschält und zwar so, daß man die Schalen gleich in die Terrine fallen läßt. Zu diesen Schalen legt man ¼ Pfund gehackten Zucker, gießt 1 Flasche guten Roth= wein darüber, deckt die Terrine zu und läßt sie eine Stunde an einem recht kühlen Ort ruhig stehen. Als= dann rührt man behutsam den Bischof durch einander und kostet, ob er schon hinlänglich nach Orangen schmeckt. Ist dies der Fall, so füllt man ihn in Gläser, wo nicht, so läßt man ihn noch ¼ Stündchen stehen. Es ist hierbei ganz gleich, ob man den Bischof erst durch eine Serviette laufen läßt oder nicht, denn man kann ihn eben so gut mit den Schalen in den Gläsern herum= reichen. Bleibt davon zur Aufbewahrung übrig, so nimmt man die Schalen heraus, damit der Bischof nicht zu bitter wird.

449. Kardinal.

Der Kardinal ist ebenfalls ein kaltes Getränk, aber von Weißwein, und wird im Uebrigen genau so, wie der eben beschriebene Bischof zubereitet und behandelt.

450. Hoppelpoppel.

Auf jedes Eidotter wird ein Loth fein gesiebter Zucker und ein Eßlöffel voll guter Rum genommen. Alle drei Zuthaten werde in einem Gefäß so lange ge= rührt, bis sie schaumig werden und dann sogleich genossen.

Weil dies Getränk gewöhnlich nur bei Hals= und Brustbe= schwerden, auch bei Heiserkeit und Husten getrunken wird, so ist es besodders gut, wenn es, statt mit gewöhnlichem Zucker, mit Candiszucker bereitet wird.

Das Einpökeln und Räuchern des Fleisches.

451. Rindfleisch einzupökeln.

Das Fleisch hierzu darf weder zu frisch, noch zu alt-schlachten sein. — Zu 12 bis 15 Pfund Fleisch nimmt man 1 Pfund Salz und 3 Loth Salpeter, der Salpeter wird gestoßen und mit dem Salze gut vermengt, dann wird jedes Stückchen Fleisch damit gut eingerieben (an den Knochen herum noch besonders stark mit Pfeffer) und in ein ganz rein ausgebrühtes Fäßchen von Eichen-holz, welches man zuvor tüchtig mit Salz ausgestreut hat, mit ½ Loth gestoßenem Pfeffer, ½ Loth etwas zerdrückte Nelken und einige Lorbeerblätter hinein gethan. Man muß das Fleisch so fest einschichten, daß nirgends eine Lücke bleibt, zu welchem Zwecke man an die Wände des Fasses solche Stücke Fleisch bringen muß, die keine oder doch nur kleine Knochen haben, aber auch diese darf man nicht an die Wände, sondern immer nach der Mitte zu packen, weil sonst Lücken entstehen, die man durch kein Pressen wieder ausfüllen kann. Die Höhlungen, die in die Mitte des Fasses von den Knochen entstehen, muß man mit Fleischstücken verpacken und mit den Händen wieder fest drücken, so daß es eine

ziemlich gleiche Oberfläche bildet. Nun wird das Fäßchen
fest zugeschraubt, oder ein passender Deckel auf das
Fleisch gelegt und mit einem großen Steine beschwert.
Nach 3 Tagen sieht man nach, ob die Lake darüber
steht, wo nicht, gießt man so viel abgekochtes und wieder
erkaltetes Brunnenwasser an den Seiten des Fasses
herum hinzu, daß es über das Fleisch weg steht und
streut auf die obere Lage am Rande herum wieder
frisches Salz.

Um das Pökelfleisch gut zu genießen, darf man es nicht länger
als 6 Wochen aufbewahren.

452. Ein geschwinder Pökel.

4 Pfund derbes Rindfleisch reibt man mit 3 Loth
Salz, 2 Loth Salpeter und 1 Loth Zucker recht derb
ein, legt es in einen 6 Kannentopf, läßt es über Nacht
darin liegen und gießt es am Morgen mit Brunnenwasser voll, setzt es 2 Tage an einen kühlen Ort und
kocht es am dritten Tage mit demselben Wasser weich.

453. Schweinefleisch einzupökeln.

Das Fleisch von einem 100 Pfund schweren
Schweine wird mit einer Metze Salz und reichlich ¼
Pfund Salpeter eingerieben und in ein Pökelfaß fest
eingeschichtet, so daß die Schinken zu unterst und die
Knochenstücke zu oberst kommen. Dann wird das Faß
wie beim Rindfleisch zugeschraubt oder beschwert,
und ebenso mit der Lake verfahren, da durch das be-
ständige Darüberstehen der Lake das Fleisch besser vor
dem Verderben geschützt ist und keinen fremdartigen
Geschmack annimmt. Nach 2—3 Wochen kann man

schon davon kochen und nach 6 Wochen die Schinken
für das Räuchern gebrauchen.

454. Rindszunge einzupökeln.

Der Zunge schneidet man oben die Schlundtheile
weg, reibt die Zunge mit 1 Loth Salpeter und 4 Loth
Salz gut ein, thut sie in ein passendes Gefäß, legt einen
Holzdeckel und zum Beschweren einen Stein darauf, läßt
sie 10—14 Tage liegen und wendet sie dabei alle Tage
einmal um, alsdann kann man sie schon zu allerlei Art
Gemüse kochen, auch kalt aufgeschnitten, oder will man
sie geräuchert verwenden, so wickelt man sie in Papier
und hängt sie 8—10 Tage in Rauch.

455. Schinken einzupökeln.

Auf eine Schweinskeule von 8—12 Pfund nimmt
man ½ Pfund Salz und 3 Loth Salpeter, welches
beides man unter einander mischt und in das Fleisch
recht hinein reibt, vorzüglich reibt man den Schinken
tüchtig am Knochen ein, auch noch extra mit gestoßenem
Pfeffer. Nun legt man die Schweinskeule in ein Pökel=
fäßchen oder anderes Geschirr und läßt sie 5 Wochen,
auch länger, fest zugedeckt oder geschraubt in der Salz=
lake liegen, während welcher Zeit man es öfters wenden
muß. Dann hängt man die Schweinskeule in Rauch
und läßt sie 14 Tage bis 3 Wochen, auch längere Zeit
räuchern.

456. Gänsebrust zu räuchern.

Von einer fetten ausgeschlachteten Gans löst man
die Brust vorsichtig von dem Knochen ab (dabei ja nicht
die Haut zerrissen), reibt beide Brusttheile mit Salz und

etwas Salpeter von allen Seiten ein, klappt die Brust zusammen und nähet sie an der offenen Seite leicht zu. Hierauf legt man sie in ein Geschirr und bestreut sie mit Salz, etwas Salpeter und Lorbeerblättern. Hat sie so 10—14 Tage gelegen, so wird sie in Papier gewickelt und in den Rauch gehängt. Läßt man es ihr nicht an gehörigem Rauche fehlen, so ist sie nach 12—14 Tagen genießbar.

457. Geräuchertes Fleisch aufzubewahren.

Nachdem man das geräucherte Fleisch (Rindfleisch, Schinken, Speck, Wurst ꝛc.) aus dem Rauche genommen hat, wird es mit einem Tuche oder Strohwische rein abgerieben und sodann mit fein gesiebter, guter Holzasche bestreut, worauf man eins auf das andere in einen festen Kasten legt und an einem kühlen Orte aufbewahrt.

Allerhand.

458. Sardellenbutter.

Man wäscht 8 Loth Sardellen recht rein, trocknet sie mit einer Serviette sorgsam ab und grätet sie sorgsam aus, alsdann wiegt man sie ganz fein und rührt sie unter 10 Loth gute, ungesalzene Tischbutter. Diese Sardellenbutter wird auf Semmelscheibchen gestrichen und zu Bouillon, Wein ꝛc. gegeben.

Etwas fein gewiegte Peterfilie darunter gemischt, giebt dieser Butter ein appetitliches Ansehen und kann auch so zu Beefsteaks anstatt Senf gereicht werden.

459. Kräuterpulver zu Ragouts und Fisch.

Es besteht aus Thymian, Estragon, Basilicum, Lorbeerblättern, Beifuß, wenig Rosmarin und Salbei. Alle diese Blätter auf Papier in einer Bratröhre so weit trocknen lassen, bis man Alles mit den Händen zerreiben kann, durch ein Sieb gerieben und in wohl verwahrten Büchsen an einen trockenen Ort gestellt. Dieses Kräuterpulver ist besonders im Winter zum Würzen der Speisen bequem.

460. Fleischreste mit Hering.

Uebrig gebliebenes Fleisch schneidet man würfelig und ebenso 1 oder 2 ausgewässerte und ausgegrätete Heringe, dann beides vermischt, in brauner Butter gedünstet und mit Pfeffer gewürzt. Auch kann man gekochte und in Scheiben geschnittene Kartoffeln darunter nehmen. Ein gutes kräftiges Abendessen.

(Eingesandt aus Wriezen an der Oder.)

461. Goulasch.

Man nehme ein schönes Stück Rindfleisch, klopfe es, schabe es rein ab und schneide es in Würfel. Dann nehme man 6—8 Loth Butter, fein gewiegte Zwiebel und Wurzelwerk in ein Kasseroll und lasse es zusammen schön gelb werden, hierauf thue man das Fleisch hinein, lasse es weich dünsten und gieße von Zeit zu Zeit etwas Bouillon zu. Ist das Fleisch weich, so stäube man noch etwas Mehl, fein gewiegte Petersilie und Paprica daran.

(Man rechnet auf 1 Pfund Fleisch eine Messerspitze Paprica.)

(Aus Reichenberg in Böhmen.)

462. Eine Eierkaltschale.

Auf eine Portion kocht man 2 Eier hart, schält diese sofort und schneidet jedes in 4—6 Theile so heiß als möglich in einem mit gesalzenem, kaltem Wasser angefüllten Suppenteller, wodurch das Wasser lauwarm sein wird; man giebt es sogleich zum sofortigen Verspeisen auf den Tisch.

Diese Art Kaltschale ist in warmen Sommerabenden als leicht und dabei stärkend anzurathen.

Die Nahrungsmittel nach den vier Jahreszeiten. (Produktentabelle.)

Im Frühjahr.

Fleischspeisen. Rindfleisch, Schöpsfleisch, Hirsch= fleisch. Schinken.

Geflügel. Tauben, Hühner. Birkhuhn.

Fische. Hecht, Barsch, Aal, Lachs, Forellen, Neue Heringe.

Gemüse. Kohlkeimchen, Kerbel, Petersilie, Spinat, Hopfenkeimchen, Rübsen, Sauerampfer, Spargel, Morcheln, Rapünzchen, Salat, Radieschen. Waldmeister (zu Maitrank).

Früchte. Erdbeeren, Kirschen.

Im Sommer.

Fleischspeisen. Rindfleisch, Schöpsfleisch, Kalbfleisch, Hirschfleisch, Reh (im Spätsommer).

Geflügel. Tauben, Hühner aller Art. Junge Enten. (Gänse im Spätsommer.)

Fische. Hecht, Barsch, Barbe, kleine Speisefische, Aal, Lachs, Forellen, Stockfisch, Hering. Krebse und Froschkeulen.

Gemüse. Schoten, Blumenkohl, Kohlrabi, Möhren, Bohnen, Gurken, neue Kartoffeln.

Früchte. Erdbeeren, Kirschen, Heidelbeeren, Apri=
kosen, Birnen, Stachel= und Johannisbeeren, Himbeeren,
Melonen.

Im Herbst.

Fleischspeisen. Alles frische Schlachtfleisch und
Wildpret.

Geflügel. Hühner, Tauben, Kapaun, Truthahn,
Gänse, Enten, Lerchen, Rebhühner, Fasan, wilde Enten,
Krammetsvögel u. s. w.

Fische. Karpfen, Schleie, Hecht, Barsch, Barbe, Aal,
Forelle, Lachs, Zander, Schellfisch, Seedorsch u. s. w. Krebse
und Froschkeulen.

Gemüse. Braunkohl, Kartoffeln, Weiß= und Roth=
kraut, Meerrettig, Möhren, Teltower Rübchen, Welschkohl,
Zwiebeln, Kürbis.

Früchte. Preißelsbeeren, Pfirsichen, Weintrauben,
Nüsse, Pflaumen, Aepfel, Birnen, Quitten u. s. w.

Im Winter.

Fleischspeisen. Alles frische Schlachtfleisch, Pökel=
fleisch, Rauchfleisch, Schinken und Wurst, Hasen, Hirschfleisch,
Reh, Wildschwein.

Geflügel. Gänse, Enten, Kapaun, Truthahn, alte
Hühner, Fasan, wilde Enten.

Fische. Wie im Herbst.

Gmüse. Braunkohl, Spinat, Rosenkohl, Kohlkeimchen,
Sellerie, gelbe Rüben, Sauerkraut u. s. w.

Früchte. Aepfel, Birnen, Nüsse, Mispeln.

Küchenzettel.

Durch vorstehende Produktentabelle wird es jeder Hausfrau leicht werden, die Speisen in jeder Jahreszeit richtig auszu-
wählen und nachstehende Küchenzettel auszuführen; jedoch ist
dabei noch ganz besonders darauf zu sehen, daß man sich hauptsächlich davor hüte, verwandte Fleische weder nah an einander, noch

in ähnlicher Form auf die Tafel zu bringen. Hat man zum Beispiel bei einem Essen gespicktes Rindfleisch, so paßt schon kein gespickter Wildbraten mehr dazu; besteht das Voressen aus irgend einem Geflügel, so kann man keinen Geflügelbraten mehr geben. — Derselbe Fall tritt ein in Bezug auf die Farbe der Speisen. Man muß z. B., wenn man eine braune Suppe giebt, sorgfältig vermeiden, daß das Gemüse eine dunkle Farbe hat. Die sorgfältigste Wahl eines Küchenzettels besteht zugleich mit darin, daß auch auf die verschiedenen Farben der Speisen Rücksicht genommen ist, und alle bei einem Essen vorkommenden Speisen in Form, Geschmack und Farben sich von einander unterscheiden.

Wird nun noch alle Sorgfalt und Eleganz auf das Anrichten und Ausschmücken der Schüsseln verwendet, so wie auf das Aeußere der Tafel überhaupt, so wird man sich sicherlich durch die heiteren und beifälligen Gesichter seiner Gäste belohnt fühlen.

A. Ein Essen zu drei Schüsseln.

1. Suppe (oder Bouillon in Tassen. — Kalteschale.)
2. Gemüse mit irgend einem passenden Fleisch, als Beilage (Hühnchen, Coteletten, Pökelzunge, gräucherte Zunge, Frankfurter Wurst ꝛc.)
3. Braten mit Salat oder Compots.
   Butter und Käse.

B. Ein Essen zu vier Schüsseln.

1. Suppe (oder: siehe A.)
2. Gemüse mit Fleischbeilage (als: siehe A.)
3. Fisch.
4. Braten mit Salat oder Compots.
   Butter und Käse. Obst und dergl.

C. Ein Essen zu fünf Schüsseln.

1. Suppe (oder: siehe A.)
2. Gemüse mit Fleischbeilagen (als: siehe A.

3. Fisch.
4. Eine Mehlspeise.
5. Braten mit Salat oder Compots.

D. Ein Essen zu sechs Schüsseln.

1. Suppe (oder: siehe A.)
2. Gemüse mit Fleischbeilage (als: siehe A.)
3. Fisch.
4. Braten mit Salat oder Compots.
5. Eine beliebige warme Mehlspeise.
6. Butter und Käse, Radieschen, Obst u. dergl.

E. Ein Essen zu sieben Schüsseln.

1. Suppe (oder: siehe A.)
2. Gemüse mit Fleischbeilage (als: siehe A.)
3. Fricassée (von Huhn, Kalbfleisch, Froschkeulen.)
4. Fisch.
5. Pudding.
6. Braten mit Salat oder Compots.
7. Ein beliebiges Backwerk. Kuchen, Torte u. dergl. Mandeln und Rosinen.

Als Beispiel und zur leichten Verständigung gebe ich hier noch vier ausgeführte Küchenzettel, **zu den vier Jahres= zeiten** eingerichtet.

Im Frühjahr.
Zu vier Schüsseln.

1. Kerbelsuppe mit Semmelklößchen.
2. Spargel mit gekochtem Schinken.
3. Aal, blaugesotten, mit Citronenscheibchen und Butter.
4. Rinds-Lendenbraten mit Kartoffeln und Rapünzchen= salat oder Preißelbeeren.

Butter und Käse. Radieschen.

Im Sommer.
Zu fünf Schüsseln.

1. Bouillon in Tassen, oder Wein-Kalteschale.
2. Leipziger Allerlei mit gebackenen Hühnchen.
3. Hecht mit Salzkartoffeln.
4. Omeletten mit Kirschsauce.
5. Roastbeef mit Kartoffeln und Stauben- oder Gurkensalat.

Butter und Schweizerkäse. Erdbeeren. Aprikosen.

Im Herbst.
Zu sieben Schüsseln.

1. Französische Suppe, oder Sagosuppe.
2. Teltower Rübchen mit Coteletten.
3. Fricassée von Huhn.
4. Frischer Lachs mit Remauladensauce.
5. Pudding von Reis.
6. Rehrücken mit Compoten.
7. Torte oder Backwerk.

Im Winter.
Zu acht Schüsseln.

1. Mockturtlesuppe.
2. Rothkraut mit gedämpftem Rebhuhn.
3. Kalbs-Fricandeaux mit Schmorkartoffeln.
4. Forellen, blau, oder Steinbutte.
5. Puddnig von Schwarzbrod.
6. Hasenbraten mit Compoten.
7. Crême von Punsch.
8. Knackmandeln und Traubenrosinen. Aepfel und Nüsse.

Eßregeln.

Nicht zu spät.

Eine sehr beherzigende Regel ist, zum Essen nicht
zu spät zu kommen. — Das Essen darf überhaupt nie
zu lange über die bestimmte Zeit hinausgeschoben werden,
denn abgesehen von der dadurch für die Tischgäste er=
wachsenden Beleibigung und Beeinträchtigung, so verdirbt
man ihnen auch durch zu langes Warten den Appetit
und es tritt roher Hunger an dessen Stelle.

Löffel. Messer und Gabel.

Es sieht plump und schwerfällig aus, wenn man
den Löffel mit der ganzen Hand führt, man fasse ihn
vielmehr mit dem Daumen, Mittel= und Zeigefinger,
mehr wie eine Schreibfeder an und führe ihn mit der
Spitze in den Mund, ohne zu schlürfen. Weiche Sub=
stanzen zerschneide man nicht mit Messer und Gabel,
weil der Löffel dazu genügt, so auch bei Fisch, wo man
nur die Gabel in die rechte Hand und ein kleines Stück
Brod in die linke nimmt. Viele Personen halten die
Gabel zwar, während sie schneiden, mit der linken Hand,
weil sie natürlich mit der rechten Hand schneiden, hierauf
legen sie aber das Messer aus der rechten Hand bei
Seite, übergeben derselben mit der linken die Gabel
und führen nun mit der rechten den Bissen zum Munde.
Da man nicht gleich Alles kurz und klein schneidet, so
wandert dann nach den paar verschluckten Bissen, die
Gabel immer auf's Neue von der rechten Hand zur
linken und von der linken zur rechten, und das Messer
wird stets von Neuem ergriffen und weggelegt; dies

sieht plump und schwerfällig aus. — Zierlicher und graziöser speist man, wenn man die Gabel fortwährend mit der linken Hand führt, und ein vernünftiger Esser wird niemals die Gabel aus der einen Hand in die andere wandern lassen. Freilich scheint die Sache anfangs einige Schwierigkeiten zu haben, doch ist man erst daran gewöhnt, so geht es spielend.

Die Serviette.

Wer zu Hause beim täglichen Essen sich keiner Serviette bedient, wird auch öffentlich am fremden Tische, niemals anständig damit umzugehen wissen, und hat er selbst Gäste und war auf Alles sorgsam bedacht, so ist sicherlich in zehn Fällen, neun Mal die unglückliche Serviette aufzulegen vergessen. Höchst unpassend ist, die Serviette in das Rockknopfloch zu stecken, oder in die Weste zu schieben, oder gar um den Hals zu binden, sondern man breite dieselbe einfach über den Schooß.

Druck von A. M. Colbitz in Leipzig.